教授会

音楽大学の四季

KANAGASO Kei
観音下 慧

文芸社

はじめに　本学の紹介をしよう

私が勤務する大学は、関西にある私立大学で、音楽学部だけからなる一学年二百人ほどの小規模の単科大学である。単科大学というのは、ひとつの学部だけで構成される大学のことである。大学の中には、本学のような単科大学もあれば、複数の学部からなる総合大学もある。我が国で最も多くの数の学部を擁している大学は二十学部ほどからなる。なんと大きいことか。また、学生数が最も多い大学となると、一学年七万人というところもある。それらと比べると、本学はあまりにも小規模だ。小規模大学というよりも零細大学といったほうが適切かもしれない。

本学は県庁所在地の市内にあるので、都市型の大学である。実際にはバスはあるものの最寄り駅から徒歩三十分とやや遠く、大学の周囲には野菜畑や果物畑が延々と広がり、遠くには山並みが連なっているので、どう考えても都市型とは言い難いのどかな風景が広がっている。

若い世代はビルが乱立するような都会にある大学のほうを好み、空き時間はカフェで友人と歓談する生活に憧れる。だから、地方から本学に来て、周囲を見渡し落胆する人も多い。カフェなんてものは、見渡す限りどこにもない。あるのは正門前の小さなコンビニ一軒だけで、実家の周辺と同じではないかというのだ。だが音楽大学の学生は、これから音楽という感性の世界に入るのである。負け惜しみに聞こえてしまうであろうが、無味乾燥な街中より、色や匂いや音が季節ごとに変わる豊かな自然が広がる環境のほうが、感性が磨かれてよいと思うのは私だけであろうか。

かつて、大学は都市の中心部に多く存在していた。それが高度成長とともに広大な土地と緑豊かな環境を求めて郊外に移転する大学が急速に増えた。しかし時代は大きく変わり、今度は中心部に回帰する流れになっている。そのほうが学生を遠くからも集めやすいからだ。これに対して本学は、街の中心部でもなく、郊外というほど遠くでもなく、どちらかといえば中途半端な立ち位置になってしまっているのが現実である。だが、それを変えることはもはやできない。この立地を最大限有効に使っていかざるを得ない。もしも可能なら鉄道が延伸され、駅が正門前にできるとありがたい。それができたら、駅名に本学の名前が使われて一気に知名度がアップし、関西各地からも一回くらいの乗り換えで本学まで短い時間で通学できるのだが……。

もくじ

〈春〉

〈夏〉

〈秋〉

音楽大学は特異な大学かもしれない

音楽大学と聞いて、一般の人々はどのようなイメージを持つのであろうか。高校生くらいの人は、在学生には女性が多くて、誰もがピアノを弾き、イタリア語のオペラの曲を高らかに歌い、弦楽器や管楽器を演奏し、作曲や編曲も容易にこなしてしまう学生が通っているところだと思うかもしれない。実際は必ずしもそうではないのだが。

一方、保護者の立場からすると、音大や音楽学部を出て音楽家や演奏家になれるのか、そう簡単になれるわけないだろう、だからそんなところに進学するのは意味がない、という妙な三段論法で考えてしまう。あながち間違いではないが、法学部を出れば全員が検察官や弁護士、文学部を出れば全員が作家などということはないのだから、音楽学部を出て音楽家や演奏家にならない人も多くいるのが現実である。実際のところ、本学の卒業生の半分は一般企業に就職している。そのためのキャリア支援もしている。国家試験受験資格が得られる医学部や薬学部などを別にすると、卒業後はそのような進路が一般的ではないだろうか。音楽の豊かな素養を持つ会社員、ピアノ協奏曲を華麗に弾きこなす公務員が在職していているなんて、素敵な職場ではないか。会社の同僚がストリートピアノを突然弾き出したりしたら、魅力倍増だろう。

あるいは、テレビなどで活躍しているボーカリストがみな音楽大学を卒業しているのではないし、音大などに行かなくてもピアノを上手に弾ける人もたくさんいるではないかという声も聞こえてくる。確かにそうかもしれない。でも、音大で基礎をしっかり学んで身につけたスキルであれば、イタリア語やドイツ語のオペラの曲も滑らかに歌える、相手の声にあわせてその場で調を変えてピアノを弾くこともできる、音楽の理論にかなった即興演奏もできる。ただ弾くだけではなく、ひとつひとつの音の意味を作曲家の思いを汲みながら解釈し、それを演奏に活かすことができる。オーケストラの指揮をしてみたいなら、それもやはり音楽大学で学ばないと難しいだろう。フルートからコントラバスに至るまでの、あの何段にもなる楽譜を読み解き、解釈し、演奏家たちをリードしていくのだから。

さらには、音楽大学は学費が高いと言われる。医学部や歯学部などと比べればそこまではないものの、金額だけ見れば安くないことは確かであろう。本学も、大学に納める授業料や施設設備費などを合わせた学納金は年間約二百万円である。しかし、音大がどのような教育をしているのかを考えてみてほしい。メインとなる授業はレッスンである。声楽やピアノ、弦管打楽器の教員らが毎回のレッスンという授業のなかでひとりの学生を教える。つまり一対一の授業が、開講している科目のかなりの部分を占める。しかし一般大学であれば、数百人の履修学生がいてもひとりの教員でまかなえてしまうような大教室での授業も多い。音大は人件費がかかるのである。大学に入ってすぐに教員から一対一で教えてもらえる贅沢さは、音大でしか経験できない。無駄に高いだけの学費ではないことは確かだろう。

高い学費を後にどうやって回収できるのかという不満に満ちた問いも保護者から出てくる。「医学部や歯学部なら、たとえ高額な学費であっても、後に医師になれば確実に元が取れるではないか、音楽を学んだところで元が取れるわけがないだろう」と言われる。金銭的なことだけで言えば、そうかもしれない。だが、音楽大学でしっかり学んでおけば、たとえ定年を迎えても音楽に満ち溢れた生活がその後にできる。楽しい時やうれしい時にも音楽が近くにあり、また悲しい時や苦しい時には自らを助けてくれる存在になるに違いない。人生を彩り豊かにする音楽にお金をかけておくのは、旅行に出かけて名所旧跡を訪れたり地元の名物を食べたりするのと同じくらい堅実な投資ではないかと思う。

工学部や農学部のような学部であれば、自分が何を学びたいかを決め、偏差値がある程度まで達すれば、具体的にそれに見合った大学を受験しようとなる。ところが音楽の世界はまったく違う。「誰に習いたいか」が最優先の選択基準で、その教員がいる大学に通いたい、となる。その教員がその大学にフルタイムで勤務している専任の教員か、それとも週に一日だけしか来ない非常勤講師の教員であるかは、彼らの受験先の選択に関係はない。「どこの大学に行けばその先生に教えてもらえるか」が大事なのである。著名なオーケストラに所属している演奏家や世界を飛び回っている声楽家は、週に何日も大学に来ることは当然できないので、非常勤講師という立場でしか教えることはできない。そうなると、大学は著名な演奏家を専任か非常勤かはともかく、まずは教員として在籍してもらわなければ学生は集まらない。著名な演奏家を呼ぶのにもお金がかかる。

音楽大学の授業の要となるレッスンは、レッスン室という小部屋で行われる。小部屋と言っても、グランドピアノ二台を余裕で置くことができる広さがある。大学のゼミ室をご存じなら、それを思い出してほしい。それが何室も並んでおり、まさに大規模なカラオケ館のようである。このような施設を作り、維持していくのも実は容易ではない。

緑の多いキャンパスを授業時間中に歩いていると、建物からピアノを弾く音や歌声などが聴こえてくる。音楽大学らしい風景である。だが、本当のところ、年度初めは、ピアノの演奏があまりにも未熟で聴くに堪えないこともある。教員から叱られている声も聞こえてしまう。歌声でいえば、指導する教員に首を絞められているのではないかと疑いかねないような金切り声が聴こえてくる。だが、前期の終わり頃になると、それなりに聴いていられるようなピアノ演奏や歌になるのだから、教える教員はさすがである。四年生にもなると、テレビのクラシック番組を聴いているのとさほど変わらない魅力的な音になっていく。学生たちの伸び代は大きい。

レッスン室ではない普通教室でさえ、当然のごとくグランドピアノが置かれている。もちろん調度品ではない。音楽の基礎理論を説明する時に旋律を弾いたり和音を示したりするからである。演奏会を開くための学内のホールであれば、ヤマハなどの国内メーカーだけではなく、スタインウェイ・アンド・サンズやベーゼンドルファーといった海外製の最高級のピアノが何台も常備されている。「楽器によってそんなに音が違うわけがないだろう」と言われることがある。だが、実際に音を聴き比べてみれば、その違いがわかるはずだ。音色の良い楽器は、どうしても高価になってしまう。ただ、そのような楽器を使って学ぶことで、学生の耳を育てることが可能になる。音楽を学ぶ者にとって耳は命である。

このようなピアノは、弾いていると弦が緩んできてしまい、本来の音と違ってくる。置かれている物理的な環境によっても変化してしまう。そのため、定期的に調律という作業が入らなければ、たとえ高価な楽器であっても意味がない。ほんのわずかなずれでも、それを専門とする教員にはわかる。わずかでも狂った音をずっと聴いてしまえば、大事な耳もその音に慣れてしまいかねない。演奏会では、リハーサルの前、演奏の直前、演奏の休憩時間にも調律がなされる。一般的には、〝ドレミファソラシド〟の中のラの音が四四〇ヘルツになるようにする。だが、演奏者の好みなどにより、四四二ヘルツにするなど、繊細な調整が求められる。

　高校生が入試の実技で弾くピアノでも、試験の前日だけではなく、試験当日、午前の試験が終わった後の昼休みの時間にも調律が行われる。非常に繊細な楽器ともいえるだろう。だが、この調律は誰でもできるわけではない。その道の専門家がいる。調律師である。だから、そのような高いスキルがある人を雇わなければならない。こうしたことも人件費が高くなる要因のひとつである。

私の自己紹介

　私は今、ここの大学の学長を務めている。任期は四年で、今は三期目に入っている。そして今年度末で任期を全うすることになる。任期は最大三期までと決められているためだ。つまり十二年、この職に就くことになる。

本学の場合、学長候補者には年齢制限があり、四月一日時点で六十八歳を超えて職務に就くことを禁じている。九月で六十八歳を迎える私は、この面でも再任はない。したがって今年で学長職を終え、大学を去ることがすでに決まっている。とはいえ、あと一年でストレスフルなお務めから解放されるからといって、のんびり構えていられないのが学長職である。

十二年前、学長になろうとは考えていなかった。だが、立候補者がひとりだけになりそうな状況で、それは好ましくないだろうという声が学内で高まり、立候補せざるを得なくなった。そして、僅差であったものの、たまたま私の得票数が最も多かっただけのことであった。

私が学長になった時、すでに大学が置かれている状況は厳しかった。だから何ができるかを検討し、考えうる方策をすべてとってきたつもりである。だが、こちらが考えるスピード以上に社会の変化は速く、教育の内容を充実させることはもとより、安定した経営をしていくために入学者の確保が喫緊の課題であった。

大学では、目の前の課題に対してさまざまな方策を考え、それを了承し、実行していくため、ほぼ毎月一回開かれる教授会において審議し、採決をとりながら案件を進めている。そこにはさまざまな思惑も入るが、文部科学省などから大学として求められる水準を達成し維持するにはどのような方策が必要か、今求められていることへの最適な解決策は何かを考え、即座にそれらに対応せよという外圧が日増しに大きくなっている。その外圧のありさまを、適切な言葉で教員たちに説明し、理解してもらうことが必要になり、コミュニケーション力や語彙力が学長には求められる。説明の仕方しだいでは納得が得られず、念入りに検討した方策も却下されてしまいかねない。

かつての大学は、目立った広報活動などしなくても志願者は集まってきた。が、今はそのような時代ではない。さまざまな場面を有効に使って本学の良さを知ってもらわなければ勝ち残れない。

どのような努力や工夫をしていくか、これから学長としての最後の一年が始まる。

教授会って？

世の中には、さまざまな会議がある。最も小さなものなら、家族会議であろうか。これに対して、最も大きな会議となると国連総会かもしれない。会って話すのだから会議といえばすべてミーティングのようなものであるが、ミーティングだと少人数で意見交換をする場になる。これに対して、やや大人数で何かを議論したり決めたりするのは、少しフォーマルな場になるのでカンファレンス。さらに政治的な意味合いも強かったりすると、それはカウンシルである。ただ、G７の会合も英語ではG７ミーティングというので、厳密な差はない。教授会は、ファカルティ・ミーティングあるいはファカルティ・カンファレンスと英語で言う。ファカルティとは、大学の学部、あるいは大学に勤める教員の集団を指す。つまり、ざっくばらんに意見交換をするというよりも、何らかの案件を教員同士で議論して決定を下す場が教授会といえるだろう。

前述したように、大学という組織では、定期的に教授会というものが開かれている。一般の会社などで働いている人からは、大学の教授会って何をしているの、と尋ねられることが多い。まるで禁断のベールに包まれた秘密の世界のように言われる。逆に、大学に勤めている者からすると、会社の会議ってどのような雰囲気なのか、どれくらいの頻度でやっているのか、と疑問を持つ。お互いに興味はあるものの、なかなか実態がわからない。

ただ、大学によって、あるいは学部によって、その教授会の運営の仕方や特徴はさまざまである。医学部の教授会なら、白衣を着た教員がずらっと並ぶ。文学部の教授会なら、外国文学を担当する外国人も多くいるので多国籍である。百人以上で行う教授会だと、前に学長らが座って記者会見のようになるし、二十人ほどで行う教授会なら本来のミーティングに近いものになる。ここにも大学の個性が出てくる。だから、ある大学、ある学部の教授会のありさまを紹介しても、それが一般的な教授会であるとは言えない。

そのような中で、学びの仕方も特異的で、学生も教員も多種多様な個性を持ち合わせ、同じ教授会に出席する顔ぶれとは思いにくいような面々が集まるのはどこの大学、どこの学部の教授会かを考えてみた。その中でわかったことは、本学のような音楽大学、そしてそこの教授会は、他の大学のそれとはかなり異質だということである。

〈春〉

入学式

♪ 演奏から始まる入学式に新入生は感動

多くの大学の入学式では、その大学に所属するサークルの中のオーケストラが演奏して始まる。本学の入学式も同じようにオーケストラの演奏で始まり、あたかもクラシックのミニ演奏会の様相を呈する。小さいながらもパイプオルガンも加わり、荘厳な演奏がなされる。新入生たちは、それまでは多少ざわついていても、楽器の音がすると一斉に静まり返り、緊張と不安の中で聴き入る。弦楽器、管楽器、それに打楽器を専門に学ぼうとしている学生たちは、いずれ自分たちも同じように入学式で演奏できるようになれるかもと期待が膨らむ。保護者たちも、我が子が音楽大学に入学したのだということを実感するに違いない。

近年の大学の入学式は、来場者が新入生の数の三倍は下らない。それは、入学する本人に加えて保護者二人、ご家庭によってはおじいちゃんやおばあちゃんまで来られるからである。新入生はそれだけ家族に大切にされている存在なのだと理解しつつ、われわれの時代とは大きく変わっていることを再認識する。

オーケストラの演奏が済むと、開式の言葉があり、入学式が始まる。最初は新入生の紹介で、今年入学した学生の名前が呼ばれる。全員の名前を呼ぶことができるのは、小さな大学だからこそだ。ただ、呼ぶ側は大変である。入学する学生の名前にふりがなをつけ、さらにコピー機で大きく拡大しておく。似たような名前があったり、どう考えても読めないような名前もあったりする。視力もだんだん衰え始めた者には過酷な任務である。名前の読み間違いはあってはならず、間違えたままにすると保護者から苦情がくるからだ。もちろん抜かして読んでしまうことも避けなければならない。これもあってはいけないことである。だから、ひとりずつ、一文字ずつ確認しながら、ややゆっくり呼ぶことになる。

そして、学長の式辞が始まる。新入生も保護者も耳をしっかりと傾けて聞いてくれるので、話す側は最後まで緊張し続けている。もちろん出席している教員たちも、学長はどのような式辞を言うのかじっと聞いている。教員たちは式の後で今年の学長の式辞は良かったとか、良くなかったとか、勝手なことを言うだけであるが、話すための原稿を作るのは想像以上に大変である。当日の夕方には大学のホームページにも載せることになっているので、卒業生らも読むことができる。もちろん他の音楽大学の学長たちも読んでいるに違いない。知的でわかりやすいのはもちろん、品格があることも大事であろう。ここは音楽を学ぶ大学なのだから。

「新入生のみなさん、ご入学、おめでとうございます。また、保護者のみなさま、関係者のみなさま、本日は誠におめでとうございます」

定型句のようなこの言葉から始まり、私からのお祝いのメッセージが続く。壇上から新入生の顔を見ながら話しているが、どの顔もキラキラと目が輝き、期待と希望に胸を膨らませ、本学に入学したことを心から喜んでいることがわかる。この学生たちを四年間で育てあげ、そして社会に送り出さなければという責任を感じる。どのように育てていくか、それを明確なビジョンとして伝えていくことで、保護者からの信頼も得られるであろう。この大学に入学させてよかったと思ってもらえるはずである。

続いて来賓からの祝辞、最後に閉式の言葉があって、滞りなく今年度の入学式が終わる。もちろん式の最後には、再びオーケストラの演奏がなされる。新入生も保護者も、音楽大学に入学したのだという喜びを改めて感じるであろう。
新入生や保護者は、ホール前に設置された入学式の立て看板のところで順番に写真を撮っている。卒業式でも同じ位置で撮って比べれば、ビフォー、アフターがわかるに違いない。

「みなさん、本学で四年間しっかり音楽と向き合い、学んでください。ただ単にスキルを身につけるだけではなく、自分自身にとっての音楽というものと真剣に対話してほしいのです。本当の学びは、与えられるものを受け入れるだけではありません。自ら求め、それを吸収し、次に活かしていくことです。ですから、まずは自分自身で動いてみてください。本学には立派な先生がたがたくさんいます。必ずしも自分が専門とする領域の先生だけではなく、別の楽器の先生、教養科目担当の先生などの研究室を訪ね、たくさん話をしながら、その先生の考えや哲学を知ってください。それがみなさんのこれからの学び、そして人生に大きな影響をもたらすに違いありません。そして、今日ここにいらっしゃるみなさんの中からひとりでもいいので、本学の教員として戻ってきてほしいと思います。そのためにも豊かな人間性も備えてほしいですから、四年という限られた時間を最大限有意義に使って、自分を磨いていってください」

大学に入学したばかりの新入生に将来のことを求めても通じないかもしれない。大学の教員にどうやればなれるかさえ知らないのに、戻ってこいというのは勝手な言い方かもしれない。だが、本学は私学である。私学にはその大学ごとの風土、校風がある。それを大事にしたい。風土を守っていくためには、その下で四年間を過ごした卒業生に活躍してもらうことがベストであろう。歴史と伝統を受け継いでいくためにも、一定数の卒業生に教員として在籍していてほしい。今日の挨拶をどれくらいの新入生が覚えているかはわからない。でも、ひとりでも覚えていて、それを夢に学業に励んでもらえればいい。もしも教員として戻ってこられたら、その学生もこれ以上の喜びはないだろう。

♪　保護者を本学のサポーターに

我が子の入学式のために遠方よりやってくる保護者も多い。家族揃って泊まりがけで来てくださる。だが、せっかく本学まで足を運んでいただいたのに、短い入学式のみで帰れるのはもったいないと思う。しかも、卒業式まで一度も大学のキャンパスに来ることがないこともありうる。もしかしたらこのキャンパスに来るのは、今日が最初で最後かもしれない。我が子がどのような教室で学び、レッスン室で習い、そして大学生活を謳歌するのか、それを親としても知りたいだろう。実家を離れてひとり暮らしをしている子どもの顔を思い浮かべた時、キャンパスの様子を知っていればいるほど、より豊かな想像もできるに違いない。安心感も高まるはずだ。

そこで、入学式が終わった後、新入生とその保護者および関係者にランチ券を渡して、学食で簡単なランチを召し上がってもらっている。少しは大学の雰囲気も味わえるだろう。その後、専攻別の教室に誘導し、教員との顔合わせを行う。教室の前方には、その専攻を担当する専任教員が並ぶ。座席には新入生と保護者たちが座り、対面の形になる。教員たちは新入生を預かることへの責任を感じ、学生と保護者は新たな出会いに期待を抱くはずである。顔が見える教育は大切である。ましてや学生確保が容易でなくなっている今、丁寧に学生を育てる姿勢を保護者にも見える形で示すことがポイントではないか。もちろん経費はかかるが、保護者との関係を密にしておくことは大学にとって損ではない。保護者たちはサポーターとなり、お住まいの地域で本学をアピールしてくれる存在になるだろう。

第一回教授会　右往左往する教員たち

♪　教授会でしか会わないことも

教授会と聞いて、みなさんはどのようなイメージを持たれるであろうか。テレビドラマで出てくるように、白衣を着た人が難しそうな顔をして喧々諤々の論議をするのは医学部の場合である。学内に明らかな派閥ができていて、会議中に派閥同士の言い合いになるような大学もある。議論になることはほとんどなく、教授会が儀式のように淡々と進行する大学もある。会議中であるのに、議論が紛糾して予定よりも長引いた時、うれしいことにどこかからかのど飴が回ってくるような大学もある。本学でも、以前の教授会で私に見えないようにチョコレートが回っていたのを目撃してしまった。「見たぞ～」である。大学の色、学部の個性が出る。

ただ、ふだんから研究室にこもっていたり、出勤する曜日が異なったりするので、大学の教員同士はなかなか顔を合わせることがない。企業などにお勤めの方からすると、信じられないのではないだろうか。同じ職場に所属していながら顔を合わせないとは、どういうことなのか。

教授会だけは基本的には全員が出席するはずなので、「あら、元気～？」などと声をかけ合ってお互いの健在ぶりを確認したり、対面で情報共有や情報交換をしたりもできる貴重な時間である。それでも出席をしようとしない教員がいることも、また事実である。どこにも明記はしていないが、教授会出席は教員の義務のひとつであるはずだから、こちらからすると職務怠慢、就業規則違反と言いたいところである。

出勤する曜日が異なるとはどういうことか、と一般社会の方々は再び疑問に感じるだろう。裁量労働制という方式で採用されているからである。つまり、必要な仕事をきちんとやっていれば、残りの時間の使い方はご自由に、ということである。したがって残業という概念もなければ、有給休暇を取ることもない。ましてや時間休、コアタイムなどあるわけがない。本学では、週に三日で必要最低限の担当授業が終わるように調整をしている。もちろん、それ以外の日に大学に来ても何ら問題はない。むしろ来てほしいのだが。そのため、明日は大学に行くぞと前の晩は思っていたのに、当日の朝になって、「やっぱり、やーめよ」となって休んでも、授業を突然休講にしたり会議を欠席したりしなければ、基本的には許されてしまう。なんともご自由な方々である。

だが、すべての大学教員がこのような気ままな生活をしているわけではないことを書いておかないと叱られてしまうだろう。実験の装置や器具が必要な理系の教員は自宅にいては何もできないので、ほとんど毎日のように大学に出勤している。もちろん研究が大好きで、毎日朝早くから夜遅くまで研究に没頭する教員もたくさんいる。論文指導をする大学院生やゼミの学部生をたくさん抱えているために、授業がない日でも出勤するという超まじめな教員も数多くいる。大学の教員がみんな遊んでいるわけではないので、世の中のみなさん、ご安心ください。

ちなみに、有給休暇はないが、土曜、日曜、さらには祝日が明確ではないともいえる。休みのような休みではないような。そのため、日曜日の昼間から、自宅で翌週の授業の準備のために文献を調べたり、パワーポイントのスライドを作ったり、前の週に提出してもらったレポートにコメントを付けたりする。これにかなりの時間を要するが、このような作業をしていることを家族以外は知らない。もちろん演奏系の教員であれば、からだがなまらないように毎日何時間かは楽器に触れたり声を出したりしているので、音楽大学の教員は全員、曜日に関係なく毎日働いているともいえる。

楽器に触れているだけではない。たとえば、クラシックの演奏会に行ったことはあるだろうか。すばらしい演奏を聴いて感動する。ピアノのリサイタルに行けば、一時間半から二時間ほどのプログラムで何曲も弾いてくれる。声楽の場合なら、イタリア語やドイツ語の曲をたくさん歌ってくれる。だが、演奏する方々、基本的にはみな暗譜をする。自分で演奏会のプログラムを組み立て、演奏で使う楽譜を正確に記憶する。一曲に長い時間がかかる作品を、しかも何曲も丸ごと覚えるのは、決して一夜漬けではできない過酷な作業である。だから、たとえ大学に行かなくても、楽譜を覚え技術を磨いて難解な曲を演奏できる力をつけるために、自宅で必死に練習している。これも音楽大学に勤める教員たちの研究活動のひとつになっている。

さらには演奏には体力が欠かせない。体力がないと、途中で腕が上がらなくなる、声が出にくくなる。風邪など引いていられない。人一倍健康に気を使うのも音楽大学の教員であろう。

理系でも音楽系でもなく、文系の大学の先生の中には、いやいやそんな楽ではないと言う方もいるだろう。そう言うのは、残念ながら役職に就いてしまった教員に違いない。まさにご愁傷様である。役職に就いてしまうと、なんだかんだあって土日も含めて毎日のように出勤せざるを得なくなる。週末や祝日であっても、大学の関係者からお仕事メールがきたり、急な用事で出勤を求められたりする。しかも夜の会議が多い。今日だって教授会が終わった後、十七時開始の会議があるので、終われば十九時くらい。そのあとにも別の案件の打ち合わせが控えている。それでも残業扱いにはならない。とはいえ、一般の社会人の方々と比べれば気ままな職業であることは事実であろう。

♪ 教授会に出るのは誰？

今日は、今年度最初の教授会である。開始時刻が近くなったので、教員が集まり始めた。本学の教授会は、基本的に毎月第一水曜日の十四時から開始する。数年前、働き方改革を実行しようという声が大きくなり、毎週水曜日の午後は専任教員の授業をすべてなくし、全学的に会議のための日としたので、教授会がない日にはさまざまな委員会などが開かれている。それでも水曜日だけで終わらないというのだから、なんと会議が好きな人種なのだろうか。というよりも、さまざまな案件をスムーズに進行させるために、どうしても会議を開いて意思疎通をしなければならないのが実際のところである。新型コロナが蔓延した中で大学を運営しなければならなかった経験から、いくつかの委員会では今はオンラインで会議することもある。一時間ほどの会議のためにだけ出勤してもらうのは忍びないので、オンラインの活用は教員たちに好評である。

教授会では、本学の場合、専任の教授と准教授の全員が一堂に介して議論をする。だから教授会と言っても出るのは教授だけではない。専任の教員すべてで、報告事項に関して情報共有を図り、懸案事項があれば議案として提起して賛否を問いながら進め方を決めていく。大半の教員の賛成がなければ、それがたとえ学長からの提案であったとしても、原案通りには進めにくい。実際に動いてもらうのは教職員だからである。民主的といえるのかもしれないが。

本学は、音楽大学であるから音楽の専門家が教員の大半を占める。しかし、大学の根幹にもなりうる教養科目を担う教員、英語やドイツ語、イタリア語の外国語担当の教員、学生が教員免許を取得するのに必要な科目を担当する教職課程の教員もいる。音楽大学ではイタリア語のアリアや歌曲を学ぶことも多く、小さい大学ながらイタリア語の専任教員を雇っている。音楽の専門学校であれば音楽の専門家の教員だけでよいが、大学を標榜するからには学生たちが幅広い教養も身につける必要があり、たとえ本学のような音楽学部だけの単科大学であっても、教員は多彩な顔ぶれになる。

ここでしか言えないが、ピアノの教員は幼い頃から毎週レッスンを受けてきたので、まじめで静かで几帳面な性格の人が多い。きちんと業務をこなしていないと、「何をやっているのですか」と叱られそうで、怖い存在でもある。これに対して、声楽の教員はまったく異なる。朝、学内で会った時に挨拶をすると、頭のてっぺんから高い声で「あ～ら、おはようございますぅ～」と反応されてしまう。会議でも黙っていられず、「そこの声楽のみなさん、会議中ですから静かにしてください」などと私から注意されてしまったりする。

明るく社交的で、話していて楽しい。音大にはなくてはならない存在である。では、弦管打楽器の教員はどうかというと、ここは体育会系。多くの人数が集まって、指揮者の持つ棒を見ながら演奏をするので、上意下達が浸透している。作曲の教員は、理論を踏まえて曲を作っていくので、やはり論理的な方が多い。このように同じ大学の教員であっても、専攻によってまったく異なる人種なのである。

♪ 会議は踊らずとも教員は踊る

本学の教授会は大会議室で行っている。ここは、四十名くらいの人がぐるっと一周して座れるようにロの字型に机が配置されている。つまり、ちょっと遠いものの、全員の顔が一応見えるような感じになる。お互いが顔を見ることで、一方通行の議論にはなりにくい。納得しているかいないかが、顔を見て、目を見てわかるからだ。

毎年度、初回の会議が始まるまでを観察していると実に面白いことが起こる。会議室で座る位置は自由である。指定席ではない。すると、早めに入ってきた新任の教員はどこに座ればいいのかがわからない。入ってくると、まずは会議室全体を見渡し、どこが上座かを考える。要するにお誕生日席の場所を見極める。一般的には、黒板やホワイトボードを背にしたお誕生日席には、学長、副学長ら役職者が座るはずである。上座は教授の中の偉い人が座るのであろう。だが、新任といえども自分の年齢を考えると、最初から一番の下座というのもどうかと悩む。そこでやや下座に近い中ほどを選び、そこに腰掛ける。だが、実はその席、古参の教員の定位置だったりする。たとえ古参であっても、入ってきて自分の席が新しく入ってきた若造に座られていることを目にしても、そこは私の席だとは言い難い。自由席なのだから。古参の教授からすると、自分の縄張りが冒されたようできわめて気分が悪い。実際は誰が使ってもいいのに日頃から特定の人が使用していると、そこは特殊な個人空間になり、その人物の占有場所と化してしまうからである。そこで、その古参教授は仕方なく別の席に座る。でも、そこは中堅の准教授がこれまで座っていた席。その准教授はまたどこかを探さざるを得ず、新たな犠牲者を生む。三月までの安定していた座る場所が、こうしてドミノのように崩れていく。

興味が湧いたら、次回の教授会も早めに行って、まずは自分の席を確保してから何気なく観察しよう。すると、席を奪われた古参の教授がいつもより早く来て、昨年度に座っていた席に座り、ここは自分の席だと言わんばかりに偉そうに自己主張をしたりする。たかが席、されど席である。

教員の人数が多い大学あるいは学部の教授会では、学校の教室のように前に学長らの役職者が座り、それと向き合うように教員が座る場合もある。そうすると、座席は後ろから埋まっていく傾向にある。学生には前に座れと言っているのに、教員自身は後ろのほうに座りたがるのはいかがなものかと思ってしまう。ただ、このような座り方であるなら、会議中に内職ができるし、スマホを見ながらメールなどもできるに違いない。時には、「今日の会議、まだ終わらないわね。終わったらご飯食べに行こうよ」などと秘密の連絡すら取り合える。しかし、ぐるっと一周の本学の教授会では、誰が見ているかわからないので、内職どころか居眠りもできない。実際に、前に座っている私たちからは、誰が何をしているのかは丸見えである。授業中、自分は学生たちが何をしているかをしっかり把握できているのだから、自分のことも把握されていると考えればいいのに、それができない。学生と同じである。とはいえ教授会はまさに緊張の時間。会議って、基本的に眠いのに。

♪　まずは新任教員の自己紹介

「みなさん、こんにちは。定刻になり、出席者の定足数も満たしているので、今年度最初の教授会を始めます。私の任期もあと一年となりました。これからの一年、何卒よろしくお願いいたします。前期の授業が始まりました。先生がたもまだからだが慣れていなくて疲れがたまっているかと思いますので、今日は早めの進行をしていきたいと思います。ご協力ください」

新しく採用になった教員たちは、まだ様子がまったくわからないので、目を皿のようにして周囲を観察している。

学長の顔はホームページで確認済みである。前方に座っている人の横顔は、どこかで見たことはあるように思うが有名な演奏家なのだろうか。隣に座っている人は、廊下ですれ違った顔だ。学長の隣に座っているのは誰だろう——そんなふうに思っているのがうかがえる。

だが、誰もあなたを食ってしまおうなどとは思っていないので、ご安心を。

「さて、この四月、新たな先生もお迎えし、教授二十名、准教授十一名、合計三十一名でスタートしました」

ただ、実際の授業はこれら専任教員だけではまかないきれず、非常勤の教員にもお願いしているのが実態である。今年度、その数は四十八人。個人レッスンのコマの多さ、楽器の違い、専門性の相違などから多くの教員を雇わざるを得ないのが実情である。これも人件費が増大する大きな要因である。

年度初めなので、新たに採用した教員もいる。その教員を紹介することが学長の今日最初の仕事である。

「では最初に、この四月から私たちの仲間になった新任の先生がたを、おひとりずつ順番にご紹介します」

お名前と担当科目を言うと、該当の教員は緊張の面持ちで立って挨拶をする。本学は定年が今は六十八歳であるので、その教員が定年まで勤めたら何年になるのだろうか。大学という非常に特殊な社会は、一旦教員として採用されれば、基本的に異動はなく、定年まで同じところに在籍する。そのため、大学ごとに定めた規程、たとえば勤続二十年以上で条件を満たしていれば、退職後に名誉教授の称号が得られたりする。もし、嫌気がさして新天地を求めて移りたくなったら、自分の力で異動先を探せばよい。ということは、大学からすると、一旦専任の教員として雇ってしまうと、いくら問題のある教員であっても、ハラスメントなどを起こして懲戒解雇にならない限りは定年まで雇い続けなければならない。そのため採用する際には、どのような人物かを的確に見極めることが必須となる。だが、それがきわめて難しい。採用試験の時、誰でも外向きのいい顔をするからね。

♪ 大学の教員になるには

このような大学の教員になるには、どうしたらいいのか。どうしたらなれるのであろうか。

この業界の人でなければ、教員免許状を持っていることが必須と思うかもしれないが、実際はまったく異なる。教職課程を履修したり教育実習などに行ったりしなくても、大学教員にはなれてしまう。だから教え方をきちんと学んだことはなく、自分の教え方について誰かからコメントをもらった経験も少ない。自己流の教え方しかできない。自分が大学の時に受けたのと同じようなやり方しか思いつかない。これから大学の教員を目指す大学院生に、教え方そのものを学ばせている大学は非常に少ないのが現実だ。ある時大学院生である自分に突然先輩から依頼が来て非常勤講師を拝命してしまい、何もわからないまま数百人を前に教養科目の授業を担当しなければならなくなったりする。だが、今は授業アンケートなどと称して、学生に評価してもらうことが一般的になった。それを見れば、自分の授業がどのようなものであったのかが、ある程度はわかるであろう。最初は、評価を見て落ち込むに違いない。

かつては、研究の内容はともかく学術論文をいくつか書いていればよかった。場合によっては、論文はほぼなくても修士や博士の学位があれば、顔見知りの先輩が自分の後任にと口添えをしてくれて、無事採用されることさえあった。これが一本釣りである。一本釣りだと人となりがわかるので、安心して採用に踏み切れるのが一番のメリットであろう。大学の教員たちはチームで動くことも多いので、協調性がない人では困る。そのような人を排除できるという意味からも、一本釣りは大学にとってベストかもしれない。

♪ 公募という方法

だが、近年はまったく違い、公募が採用の基本となっている。国立研究開発法人科学技術振興機構のホームページを開き、そこにある求人サイトの欄にキーワードとして何らかの学問領域を入力すると、それに該当する数多くの求人が出てくる。このサイトは就職先を探している大学院生らにとっては定期的に閲覧する必要があるものだが、一般の方にとっても興味深いものだろう。ただ、大学教員の求人がすべて載っているかというとそうではないことも知っていてほしい。口コミで求人情報が回るものもある。一本釣りだって少なからずあるからだ。

ここに掲載される求人情報を見ると、どの職位の教員を求めているか、博士の学位があるか、過去五年以内に査読付きの論文を執筆しているか、さらにはオンライン授業ができるか、どのような授業科目を担当する予定であるか、採用後に大学近辺に居住できるかなどの採用条件が詳細に書かれている。職位というのは、教授とか准教授などの肩書きである。自分の年齢や経歴を考え、今の自分なら准教授かなと考えれば、教授募集はチャレンジしにくくなる。現在教授の場合、准教授に限定するなら降格になってしまう。

査読付きというのは、各自が自発的に論文を執筆して学会誌の編集委員会に送ると、その論文の内容に比較的詳しいと思われる研究者がふたりくらい委員会から査読者として指名され、その匿名のふたりが細く論文の中身をチェックし、コメントが付されて掲載の可否が評価される、という手続きがあることを意味する。単に執筆して送れば必ず掲載されるというのではない。もし、査読者がふたりとも不可として掲載を許可しなければ、その論文は没になってしまう。したがって、査読なしと比べて査読付きの論文は、応募した際の評価ではポイントが高くなる。

このような採用条件を求人サイトに出して大学が公募をすると、県庁所在地であれば、本学のような交通が不便である大学でも、ひとりの募集に対して少なくても五十人ほどは応募がある。求人する担当科目によっては優に百人を超すことさえある。周りは畑でも、大学がある住所はキラキラ感満載の市内である。研究者の多くは街中にいたいのであろう。街中にある大学、というだけで応募者が増える。その点は本学にとってうれしい限りで、この地に本学を開設した先人たちに感謝したい。

♪ 公募の審査をしよう

では、専任教員を具体的にどのようにして選ぶか。まずは書類審査でふるいにかける。これが一次審査である。ここでモノを言うのが、論文の数と学位の有無である。今の時代は、比較的学位取得者の少なかった文系でも博士の学位を取得している人は多いので、これがないと不利に働く。もちろん現在所属している教員の年齢構成や専門領域も考慮するので、たとえ一次審査に通らなかったとしても、それは必ずしも本人の努力が足りなかったからだとは言えない。もし、近い年齢の教員を採用してしまうと、いずれ定年を迎える頃には毎年のように公募を繰り返すことになり、事務作業が大変である。したがって半分は運である。たまたま公募をしている大学のニーズと自分自身が合わなかっただけのこと。自信を失うことなどない。

そして二次審査としての模擬授業や面接がある。本学は音楽大学なので、演奏系の教員を審査する際には、模擬授業の代わりに演奏と模擬レッスンの両方を課している。模擬授業は、大学が指定した科目の第一回目の最初の部分を二十分くらいやってもらうことが多い。導入の仕方、話し方、板書の文字などを見ていくと、その人らしさが伝わってくる。

ただ、学長らが学生の代わりになって机に座って聞くことが多く、どう考えてもやりにくいだろう。素直な目をしている自分よりも若い学生ならともかく、穿った見方しかしないおじさんおばさん相手である。圧迫面接と言われかねない状況であろう。それでも目を見て話してほしい。確実に評価のポイントは高くなるはずだ。そのような中、過剰なほど緊張している人を見ると、心の中で思わず「頑張れ」と言ってあげたくなる。演奏は、指定した曲と自由曲の二曲である。大学教員であっても立派な演奏家であってほしいという願いがあるために必須といえる。模擬レッスンなら、大学院生などを生徒役に仕立て、アドバイスの仕方、言葉遣いなどをチェックすると、学生と一対一になる閉鎖的な小部屋でのレッスンがどのようなものになるかが見えてくる。そして最後が、お決まりの面接である。

このように、書類審査、演奏審査、模擬授業や模擬レッスン、面接などを行い、協議によって最終的な候補者を決める。最後の判断は、もちろん私、学長だ。採用するのはひとりであるから、簡単に計算すると五十倍、百倍になる。これほど高い倍率を通過した教員なのだから、さぞかし立派な教員だろうと思う。多くはその通りなのだが、働き始めると挨拶もほぼしないというようにまったく印象が違っていたり、最初は素直だったものの後に問題教員に華麗に変身してしまったりする教員もいるので厄介である。となると、人柄がある程度わかる一本釣りのほうがいいのではないかと思ってしまう。でも、今は公募が一般的に推奨される方法であるし、採用された人は高い倍率をくぐり抜けてきて採用されたという自負も感じるだろう。

もちろん大学も黙って公募に命運を懸けているわけではない。公募とは言え、実際には安心できる人に内々に声をかけて応募してもらうのである。何も知らずに応募してくる方々には誠に申し訳ないが、これがベストであろう。なお、時には、こちらが想定していた人よりも数段まさる人が応募してくれることもあり、内々に声をかけた人にはお詫びすることになる。このようなことも起こりうるので、公募に積極的に応募してチャレンジすることをお勧めする。かつてある大学で公募をし、三人が残った。そうしたところ学内が二分してしまい、それぞれが強く推薦する候補をどちらも採用することができず、結果として第三の候補者が内定を得た。世の中、一寸先は闇である。あまりいろいろなことを考えず、条件が合えば応募してみるといいだろう。

なお、新卒の大学生たちが就職活動をする際には初任給がいくらかも選択の判断材料になるに違いない。だが、大学教員の場合は給料がいくらもらえるかは募集の書類に明記されていない。本学の給与規程に従うとしか書かれていないので、赴任して四月に最初の給与をもらって初めて、自分が毎月働いて得ることができる金額がわかる。予想外に多いのならいいが、「えっ、これだけ？」、ということも十分に起こりうる。採用した人の年齢や経歴によって異なるので明記できないのは確かだが、この点はブラック業界ともいえる。

こうして内定にこぎつけた教員を紹介し、仲間入りを認めてあげる、その儀式のようなものが年度初めの教授会である。その教員からすれば、初めての教授会に出て、大学の雰囲気もわかる。学長ら役職者の顔を覚えることも必要だ。小さな大学なので、学内ですれ違うことも多いはずだ。その時に、出入りの業者の方と間違えてしまう、なんてことがないようにしなければならない。このような人たちとこれからの教員生活を送っていくという期待を抱くだろう。若干の違和感ならよしとしよう。落胆でなければよい。

♪ 〝オンライン授業ができること〟とは

前にお話ししたように、大学教員の募集条件の中に、最近は「オンライン授業ができること」というものがあったりする。これは、われわれが新型コロナウイルスによるパンデミックを経験したことで初めて追加されるようになった項目である。コロナ禍前は、通信制の大学や先進的な一部の教員を除けば、大学の授業は基本的に対面で行われていた。しかし、コロナウイルスが猛威を振るっていた中で大学は対面授業ができず、オンライン授業を導入せざるを得なくなった。だが、多くの教員はオンライン授業を経験しておらず、そのノウハウも持っておらず、途方にくれた。そこで少し知識がある教員に教えてもらいながら、見よう見まねで行ったのが現実であった。コロナ一年目は、さまざまなツールを十分に活用できずにいたのだが、このようなオンライン授業においても、回数を重ねるごとに教員たちもスキルアップしていった。人は学習する生物なのである。

オンライン授業にも、いくつかの型がある。完全同時生中継方式の厳密な意味でのオンライン型は、教員がパソコンについているカメラの前で通常の授業と同じように話し、時には学生に質問をしてその場で回答させたり、必要に応じて画面共有という方法で資料をパソコンの画面越しに全員に見せたりすることができる。まさにオンライン、という感じであろう。だが通信量が多くなり、多くの授業科目が厳密なオンライン型で行われると、通信制限がかかり画面が見られないなどという声が学生たちからは出てきてしまうこともある。

オンデマンド型というものもある。あらかじめパワーポイントなどを使って教員が作成した資料をネット上に提示しておき、それを学生が都合の良い時間に自分のペースで見て、読み、理解し、最後にある課題に回答することで授業を受けたとみなす。課題を出させたからには確認する必要が生まれる。学生がいつ送信したかは教員側のパソコンで即座に把握でき、たとえ一分でも遅刻したらそれが明記されてしまうので、出欠管理という意味では楽である。なお、双方向型を目指すのであれば、多少なりともコメントを付して返信することが求められる。実際には、この作業に莫大な時間がかかるのである。また、対面の授業であれば、途中で雑談を入れながら学生の注意持続を図れたが、雑談を書いたスライドを資料の中に紛れ込ませるなどはできず、淡々と進む授業が展開されることになる。対面の時と比べて、二倍近くの情報量を提供できるかもしれない。

オンライン型は臨場感があるものの、対面授業と同じく聞き流してしまうと元に戻れない。授業の九十分間、パソコン画面とスピーカーからの声に注意を向け続けるのは、正直言ってつらい。もちろん、その時間に起きていなければ、視聴することさえできない。メリットは、教員の顔だけではなく一緒に受講する友人の顔が画面に映し出されるので、お互いに安否確認ができることだ。顔が見られて安心である。一方のオンデマンド型は、仲間の顔は見られないものの、理解が十分ではない時に繰り返し視聴できるので、学生には優しい学び方になるだろう。だが、パソコンではなくスマホを使って電車内などで視聴する学生からは、パワーポイントの資料ならどうにか読めても、対面授業で配布されるのと同じ形式の文字がいっぱい並んだ資料だと、読んでいて目がチカチカしてくるという不満も出てきた。どのような資料を作ると見やすいか、どのような方法で理解状況の確認をするのが好ましいか、どうしたら魅力的な動画を作成できるかなどが求められているので、募集条件にオンライン授業ができることなどの文言が加えられたといえるだろう。これからの時代には求められるスキルである。

なお、オンライン型であろうとオンデマンド型であろうと、いずれの場合も教員は自宅から授業を行えるので、通勤時間がなくなった。このメリットは非常に大きい。オンラインの時にカメラの前で上着さえ着ていれば、下はパジャマでも構わなかったので、この点も気楽でよかった。

このような学生の側にも教員の側にも、それぞれメリットとデメリットがあるが、これからの時代の教育方法のひとつであることは確かだろう。コロナ禍によって強制的にやらざるを得なくなった方法であるが、コロナが収束したら止めてしまうのではなく、さらなるレベルアップを図りながら多様な教え方ができることも、大学教員の務めであると思う。

ひとつ、われわれ教員が心にとめておかなければならないことがある。コロナ禍前は、保護者たちは我が子が大学でどのような授業を受けているか、帰宅後の子どもの声でしか把握できなかった。しかし、自宅のパソコンで子どもがオンライン型授業を受けていれば、横にいる保護者にも教員の声が聞こえる。内容も伝わってしまう。オンデマンド型の場合は、提示された資料を保護者も一緒になって見ている可能性がある。言い換えれば、コロナ禍は図らずも大学が具体的にどのような教育を行っているのかを保護者たちに可視化させてしまった。学納金に見合った授業内容をしているのかが問われかねないのである。

♪ 教員の昇進を周知しよう

「次に、この四月に准教授から教授に昇進した先生がたをご紹介します。専攻の順番に、まずは声楽からいきますね」

大学の教員の職名には、一般的には助手、助教、講師、准教授、そして教授というものがある。ただし、学校教育法という法律には講師という職は明記されていないので、おいていない大学もある。

教員募集のところで、採用してしまうと定年まで保障しなければならないと書いたが、実は必ずしもそうではない方法が用意されている。たとえば、採用の条件として、任期制で三年ごとに見直しをして通算で三期までとしていたり、准教授までは任期があるものの教授に昇格したら任期はなくなるなどを規定したりしている大学もある。もし、この三年の間に業績が上がらずにいると再任はされないので、活発な研究活動をしていかなければならない。もちろん業績だけではなく、他の教員たちと協調しながら大学運営に関わってくれないような教員も、お引き取り願える。大学側にとっては都合の良い制度であるが、三年という時間は短い。何らかの操作が人にどのような影響を及ぼすかについて数年にわたって継続的に調べようなどと考えてはいけない。しかも実際には必要な研究であっても、三年では成果が出にくい。長期的な視点に立った研究を若手ができにくくなっている一因かもしれない。

医療系の学部の場合、ひとりの教授の下に准教授や助教らがいるという厳格なピラミッド構造であることが多い。だから教授の権限は絶大である。極端な場合、教授が定年退職して新たな教授が赴任すると、それまで在籍していた准教授以下がほぼ総入れ替えになることすらある。一方、文系の学部の場合、ピラミッド構造はほぼなく、ひとりひとりがみな一国一城の主であることが一般的である。本学ももちろん後者である。

なお、別の資格も存在する。Dマル合（でぃーまるごう）、D合（でぃーごう）、D可（でぃーか）、Mマル合（えむまるごー）、M合（えむごー）、M可（えむか）とされるものである。これらは文部科学省の規程の中にもある言葉だが、一般の人はほぼ聞いたことはないであろう。この記号の中で、「D」はドクターのDで大学院博士課程、「M」はマスターのMで同じく大学院修士課程をさしている。さらに「マル合」はその課程の論文指導が担当できること、「合」は論文指導の補助ができること、「可」は授業が担当できることを意味している。

つまり、教授であったとしてもDマル合の資格がないと、博士論文の審査に加わることができない。博士課程の大学院生を自分の研究室に配属させて、日常的に指導することもできない。同じように、准教授でもMマル合でなければ、修士論文の指導ができないのである。このような資格があるとは言うものの、その基準が曖昧であることが多く、大学によって異なるのが実態である。実際には何本の論文を執筆しているかなどで判断され、大学によっては三十から四十の論文がないとDマル合にはなれない。この資格の運用を厳密にしてしまうと、Dマル合の資格がない准教授が博士課程の院生の論文にアドバイスをすることができづらくなってしまうという問題もある。なお、大学案内などの文書には教授、准教授などの職名は記載されているが、Dマル合かどうかなどを明記することはないので、教員同士でもお互いがどの資格になっているのかわからないことが多い。

こうして採用の時に業績が審査されるが、当然ながら昇進の際にも厳しく審査される。ここでは、研究や教育だけではなく、学内の運営にどれほど積極的に関与してくれたかも大きなウェイトを占める。だから、大学の教員になったからといって、研究と教育だけではなく、進んで委員会にも顔を出したり、裏方的な仕事もこなしたりしていくことが必要である。その姿を誰かが見ている。どこの業界でもそうだろうが、日々の地道な努力が大事である。

♪　新たに採用した職員も仲間

「本学では、この四月から、新たにおふたりの職員を採用しました。学務課と学生課に配属されていますので、すでに事務のカウンターなどで顔をお見かけした先生もいらっしゃると思いますが、ここでご紹介します」

　大学を運営するには、教員だけでは不可能であり、職員の貢献が大きなウェイトを占める。有能な職員を採用することは、大学が発展し続けるためには不可欠である。実は就職先としての大学職員は難関である。募集すると、新卒組もいれば転職組もいて、倍率は教員の比どころではない。それを突破してくるのだから、新卒組なら学歴優秀で職務への高い意欲があり、転職組なら豊富な経験や多くの資格を有している。最近は修士課程を修了した人が多く応募してくる。事務的な能力のみならず、その学問的な探究力もうまく活用できれば、よりよい組織になるはずである。

　大学は学生を育てる場であるが、それと同時に職員も育てていかなければならない場でもある。これまで多様な経験を積んできた若い職員を、ある部分は本学バージョンにカスタマイズしていく必要がある。小さな大学であればあるほど、学内での異動先は限られてしまう。どうしても閉鎖的な社会になりがちであるが、大学とはどのようなところか、音楽大学の特徴は何か、本学の良さは何かなどを理解してもらい、夢を持ち続けて職務に励んでほしい。それを可能にするのが、教員がサポートしていく力であろう。つまり、このような職員を活用し大学を活性化させていくには、職員そのもの、さらには大学運営で必要とされる事務作業について教員の側の理解も必要である。教員と職員は大学にとっての車の両輪のようなもので、どちらか一方だけが優秀でも、どちらか一方の具合が悪くなっても、うまくいくことはない。互いの尊敬、尊重が基本である。

今回採用されたふたりは学務課と学生課に配属されたが、大学にはさまざまな部署がある。本学の学務課は、授業全般のこと、成績評価のことなどを扱う。規則に従って判断せざるを得ないので、学生からすると怖い部署であろう。職員からすると、授業の手引きなどをきちんと読めばわかることを毎日のようにカウンターに来て尋ねてくるのは困りものである。そのため、必然的に対応は厳しくなってしまう。だから、学務課は怖い存在である。一方の学生課は、アルバイトやサークル活動などを担当してくれるので、「困った時の学生課」などと学生は言う。どの部署でも職員は、実際はみなさん良い人ばかりなのだが。

♪今年のビジョンを伝えよう

年度の初めであるから、今年の目標を学長が自らの言葉で教職員に語ることは重要である。基本は学生が満足できる教育環境を整えて、質の高い教育を提供することにあり、そのための方策を講じる。その目標に向かって、今年は何を、どこまでするのかを表明するのである。

「今日は今年度最初の教授会ですし、新たなメンバーも加わりましたので、これからの一年で何をしようとするのか、お話ししようと思います」

小さな大学であるからこそ、学長が生の声で自らの考えを表明する機会を設けることは大事である。教職員全員で大学の発展を目指して頑張っていこうと、気持ちを共有できる場になるからである。だが、単に机上の空論、明るい未来を話すだけではなく、時には現実を直視した厳しいことも言わざるをえない。

「新任の先生には最初から厳しい言葉をお聞かせすることになりますが、みなさんご存じのように、今年の一年生は初めて定員を満たすことができませんでした。残念です。このまま放置したりしていては、本学の存続すら危ぶまれる事態になりかねません。早急に対処すべく、考えられうる方策は何でもやるという覚悟を持って今年は進めていきたいと思います。それには教員、職員のみなさんのご協力が不可欠なのです。教職員全員で一丸となって頑張っていきましょう。よろしくお願いします」

本学の存在が危ぶまれるなどと言うと、教員たち、特に若い教員たちは急に厳しい表情になる。それはそうだろう。自分の生活が安泰ではなくなるのではないかという不安がよぎる。でも、そうならないために今何をするべきか、まずは危機感を感じてほしい。

「また別の視点からも現状を考えてみてほしいです。入学してくる学生が減るということは、当然ながら入ってくる学納金も減ります。それでも成績などを管理する学務システムの費用や電気などの光熱費などは大きく減ることはありません。それは学生数に関係なく必要になる固定費だからです。では、どこを減らせるかになります。学生が満足できる教育環境を提供することは必要ですが、どこを削れるかなども真剣に考えなければいけない状況です。本当に困った時ではなく、今から対策を立てていくことが必要です」

小規模な大学とはいえ、教授会の場を使って全員で討議をし、成案を得るのは容易ではない。となると、何人かでプロジェクトチームやワーキンググループを作り、そこで下案を出してもらうのが効率的である。メンバーを誰にするかがポイントになるものの、定期的に開かれている各種の委員会もあり、日程調整が容易ではない。このようなチームを作って検討しようとした時、呼ばれる教員は決まってくる。あの人なら全体的な視点で考えてくれる、特定の専攻の利害にとらわれない判断をしてくれるというのである。このような能力があるかどうかは履歴書には書いてない。もちろん模擬授業でもわからない。

「そこで、大学躍進プロジェクトチームを作りますので、次回の教授会までに素案をまとめていただきたいと思うのです。その中から実行可能なものについて、さらに具体的に詰めていきます。よろしいでしょうか。このチームは、単なる改革ではなく、躍進をするのですからね。明日、メンバーになる方々には私からご連絡します」

♪　ベストティーチャー賞の発表

大学教員の業務のひとつに教育があることは当然であろう。研究は論文で評価できても、教育となると優劣を評価するのは容易でない。それでも教員の教育活動を評価することを文部科学省は推奨している。たとえば本学のようにベストティーチャー賞というニンジンをぶら下げ、教育活動に励ませるのである。ただ、中にはニンジンなどには目を向けることなく、唯我独尊といった教員もいるのだが。

本学では、これで必要十分とは思わないが、学生による授業アンケート、指導した学生の成績状況、教員による授業改善計画などをもとに、全学の教員から毎年ひとりだけ表彰することにしている。昨年度の教育活動を総括したものであり、教員としては誇らしい賞であることに違いない。学生たちは、知りたい、わかりたい、できるようになりたいという気持ちを持っている。そのような意欲に十分に応えられる授業を展開できていること、それを保証するような賞である。

「最後に、昨年度のベストティーチャー賞を発表します。これは、教育という面で昨年度最も功労のあった教員を表彰するものです。お名前を呼びますから、前にお越しください。表彰状をお渡しいたします」

このような表彰は教員の動機づけに効果をもたらすであろう。新しい教育方法にチャレンジしたり、学生たちの声をうまく吸い上げながら工夫をしたりする教員である。しかし、努力や工夫を怠らない教員は限られる。目新しいことを即座に取り入れるのが得意な教員は受賞しやすい。そのため毎年同じような教員が受賞することになってしまうのが大きな問題である。だからと言って、毎年順番に表彰していたら意味がない。ベストティーチャー賞の候補に一度もあがらない教員もいる。その教員がいいかげんな授業をしているわけではは必ずしもないのだが。

「ぜひ他のみなさんも、今年度のベストティーチャー賞を目指して、教育活動に勤しんでいただければと思います。学生を確保するためには、まずは足元の教育の質です。大学が提供する教育が学生にとって満足のいくものであるかどうかが、ますます重要になっていきます。今回のベストティーチャー賞をとった先生も含めて、毎年少しずつでもレベルアップが図れるように、みなさんよろしくお願いします。では、これで第一回の教授会を終わりにしましょう。お疲れ様でした」

大学は教育機関である。それも、上位校への進学のための学びではない。大学で学んだことがすぐに使えるわけでもないだろう。もしかしたら十数年後に必要になるものかもしれない。学んだことがそのままではなく、そこに至るまでの考え方が後々必要になることもあるだろう。さらには学問に向かう教員の姿勢が影響を与えることもあるに違いない。目先の成果ではなく、このような長期的な視点に立った教育を行っている教員たちにも何らかのインセンティブを与えたいと思う。

第二回教授会　志願者を増やしたい

♪　大学の現状を理解してもらおう

「では時間になりましたので、これから第二回の教授会を始めます。五月の連休も終わり、本格的に授業が始まった時期ですね。今日は、今後の大学の方向性についてみなさんに考えてほしいと思うのです」

今年は定員を満たすことができなかった。これは痛い。国からの補助金が削減されてしまうからである。今はかなりの数の私立大学が定員を満たせずに苦労をしている。本学だけではない。とはいえ、放置したままでは衰退の一途を辿るだけである。厳しい状況であることをすべての教員に理解してもらい、志願者増加を目指して一丸となって努力してほしいので、まずはここ数年の志願状況を説明する。

私立大学には、国から私立大学等経常費補助金というものが交付されている。やや難しくなるが、これは、教育条件と研究条件の維持向上、さらには在学する学生の経済的負担の軽減、経営の健全化などに寄与することを目的に交付される一般補助と、特定の分野にかかる教育と研究の振興を図ることを目的とした特別補助の二種類からなる。在学生ならびに入学生が定員より増えすぎても、逆に減りすぎても、満額の補助金をもらえず、減額されてしまい、文科省にとってはうまいシステムになっている。そのため、定員をしっかり充足しつつ、減額されない範囲での定員超過までに入学生の数を収めたいというのが大学側の本音である。だが、本学のような弱小大学は、定員を超えて合格者を出しても、他の大学に流れてしまって歩留まりが悪ければ定員を満たせない。だからと言って全員合格にして超過してしまうこともできない。だから入試は怖い。入試の前後は、どうしても寝つきが悪く夜中にうなされてしまう。

♪　志願者減少の理由は

かなり以前から十八歳人口の減少が叫ばれ、日本の総人口もどんどん減っていく中では、大学への志願者を集めることは至難の業《わざ》である。どこの大学も頭を抱えている。でもこのような社会状況であっても、総合大学はそれなりに集まっている。定員を増やしている大学すらある。困っているのは、地方の大学、単科大学、女子大学であろう。本学は共学であるものの在籍する学生の八〇パーセントほどが女性であるから、先に挙げた三つの条件を満たしているようなものである。

音楽大学の場合は、さらに過酷な状況である。たとえば、これまで多くの生徒を送ってきてくれていた全国の高等学校音楽科自体が生徒募集に苦慮している。音楽教室も減っているが、そこに通ってピアノを習う子どもの数も急速に減っている。社会経済状況が芳しくなく、学費を支払えるだけの安定した収入の確保が容易でなくなっているご家庭も多くなってきている。

「みなさん、ある大学、また別のある短期大学が募集を停止し、いずれ閉学するというニュースが流れていたのをご存じですね。これは対岸の火事ではありません。本学も今年の新入生は定員を下回ってしまっています。国からの補助金も減額されてしまいますから、負のスパイラルに陥ってしまいます。そうならないためにも、何らかの手を早めに打たなければいけません。今は本学の緊急事態だ、と考えてください」

♪ どうしたら志願者を集められるか

志願者をどう獲得していくか、確保していくかが課題であることは、教員の誰もがわかっている。それが達成できなければ大学の存続が危ぶまれることも知っている。ただ、どうしたら集められるかの方法が思いつかないのが現状である。

「前回の教授会でお願いしたように、非常に短い期間であったもののプロジェクトチームでいくつかの案を考えていただきました。そのプロジェクトチームの代表から、昨日、審議結果の報告を受けました。それを私からご報告します。そのような案は無理と頭から決めつけるのではなく、それを実現するなら、どうすればそれが可能か、という視点で考えてくださいね」

プロジェクトチームに入っていなかった教員たちは、これからどのような案が出てくるか、疑心暗鬼に陥る。そのチームのメンバーたちが何を考えたのか、自分の立場は確保されるのか、所属する専攻は存続できるのかなど、考えるときりがない。

「チームでは、三つの可能性を挙げてくださいました。新たな学科を新設すること、受験生を多く送ってくれている高校を指定校以上の系属校としてお願いすること、卒業生の活用を図ること、この三つです」

このような発言を聞き、耳慣れない言葉もあることから、教員たちはざわつく。〝ケイゾク〟って何。漢字すら思い浮かばない。今よりさらに負担が増えるのではないかという不安が増している。基本的に教員は変化を嫌う。大学は非常に保守的な社会なのだ。

♪ 新たな学科を新設しよう

「まずは、新学科についてです。今は音楽学部音楽学科だけですが、新たに音楽ヒューマンサイエンス学科を作ろうというのがプロジェクトチームの提案です。もちろん名前は仮のものです。学科名はまたあとで考えることにして、その内容などについてお考えをお聞かせいただきたいというのが、今日のお願いです」

新たな学科を作ろうという話は、これまでも浮かんでは消えを繰り返してきた。言うは易し行うは難しである。新たな科目を教える教員、実験などができるスペース、指導方針を反映させたカリキュラムなどをゼロから用意しなければならず、誰もがその必要性は認めつつ、なかなか成案が得られてこなかった課題である。

「つまり人と音楽をサイエンスしよう、科学しようというのがこの新学科の狙いです。あえてヒューマンという名前をつけたのは、自然環境や物理的な環境だけではなく、人も他者から見れば環境を構成する要素のひとつです。演奏する人と聴く人、あるいは見ている人、それら音楽や演奏にまつわるさまざまな要素を科学しようというのです。感性の世界と論理の世界の融合を目指す、音大の中では新しい動きとなるに違いないのではないでしょうか。今、世間ではデータサイエンスが大きな話題になっているかもしれません。でも、データは無味乾燥な数字です。それに追随するのは本意ではないです。とはいえ、単に感性の世界で終始していては新たな世界は開けません。そこで、キーワードとして考えたのがヒューマンだというのです」

だが、それを実現するにはいくつものハードルがある。中でも、入試制度とカリキュラムは、新学科が成功を収めるかどうかの鍵となる。また、教員を新たに雇わなければならないことも人件費抑制の観点からは懸案になる。時には先行投資も必要だろう。もっとも、重要なことは既存の学科の受験生が単に新学科に移行するだけでは仕方がない。これまで音楽大学を受験しなかったような新たな層を獲得しなければならない。そのための具体的な方策を提示しなければならない。今は入試に実技試験を課しているが、それをなくすことができるのか。音楽大学として、なくしてしまってよいのか。なくした場合、新学科のカリキュラムから音楽の実技科目がなくなるのか。あるいは選択科目として残すのか。

卒業する時に与える学位はどうするかも検討事項である。音楽学部であることに相違はないので、これまでと同じく卒業時に「学士（音楽）」の授与になるのか。それでいいか。卒業後の進路はどうなりそうか。どのようなところに就職できるか。それらのビジョンがないと保護者は学費を出してくれないだろう。親子揃って満足できるものを構築しないと、結果はついてこない。

加えて、新しい学科が本学の風土になじむのかが教員から問われる。私学はそれぞれ固有の歴史を有しており、そこで長年培われた雰囲気がある。本学であれば、音楽学科という演奏主体でやってきた。そこに論理性重視のような新たな異質の学科が侵入してきて大丈夫か、水と油のような状況に陥らないかという不安である。卒業生も同じような感想を持つのかもしれない。さまざまな可能性を検討しながら、丁寧に説明し不安を払拭し、合意を形成していくことが基本である。

とはいうものの、これらの懸案事項をひとつひとつ解決しながら、具体策を詰めるのは至難の業である。実際に設置ができるかはともかく、まずは具体化のためのチームを作って可能性を検討してみることには、誰も反対はしないだろう。

♪　系属高校ってなんだろう

「ふたつ目の案です。本学には、残念ながら附属高校、附属中学というものがありません。かつて作ろうとした時もありましたが、この大学キャンパスの近くに適当な土地が得られなかったからです。たとえ附属であっても場所が離れてしまうと、連携が取りにくくなることが予想されたので、その時は諦めました。多くの大学、もちろん大半の音楽大学も、附属の高校を設けていて、そこから大学に推薦入試で入ってこられるようにしており、志願者獲得の安定化を図っているのが現実です。でも、そのルートが本学にはないのです。これは致命傷です」

私立の大学は、ほぼ附属の高校を持っている。最近では、一貫教育をうたって中等教育学校にしているところも多い。そこに通う高校生たちからすると、附属に入ることで、その上の大学への入学が保証され、過酷な入試を受けずに済む。だから大学まで接続している私学の附属高校に行きたい。だが、本学ではそのルートがなかった。

「ですが、今さら附属高校を作ろうとしても、もちろん少子化はどんどん進行していますし、莫大なお金がかかるので現実的ではありません。そこで、附属高校がないことを補う意味で、系属の高校をお願いしようというのです。大学と同じ学校法人の中に高校があれば、それは附属高校です。ほぼ無試験で合格をさせています。一方、学校法人は別であるものの親子関係にあるような法人が設置している高校は系列高校で、無試験の入学はできませんが、推薦などの方法はあり、附属高校に近い扱いになっています。これらに対して、学校法人そのものが別であるものの、指定校以上の深い関係を設けて、大学に生徒を送ってとお願いする関係が系属高校です」

指定校というのは、入試の実績などを踏まえて大学が高校にお願いをし、それを受けてくださった高校である。高校案内には書かれていないが、教員から生徒たちには口頭で伝えられることが多い。ただ、お願いする以上は何らかの恩恵が必要である。ウィン・ウィンの関係が指定校だからである。そこで、受験科目を減らす。場合によっては面接と小論文で指定校の受験生の合否を決める大学もある。

だが、指定校だからと言って、今は必ず生徒を送ってくれるわけではない。少子化により高校側の売り手市場になっている。でも、指定校の枠は確保しておきたい、というのが高校の本音である。ウィン・ウィンの関係ではなくなっているのが現状で、大学としては悩ましいところである。

「指定校以上の優遇ということなので、入試でどのような方策が可能かを考えなければなりません。また、無数に系属高校を作るのは好ましくないので、これまでの入試で数多くの生徒を送ってきてくださっている一校、多くても二校から三校ほどの高校にお願いするのではどうかと考えています」

たとえば、本学の教員をその高校の音楽科の非常勤講師として派遣する。その教員がレッスンをしっかり行って、大学入学後についていけるだけのスキルを身につけさせる。そこで高校の単位が認められれば、大学の推薦条件を満たしたとし、大学では面接と小論文だけで合否を判定する。といっても、系属なので、試験を受ければ基本的には合格とする、といった方法であろう。詳細については入試委員会の審議に委ねよう。

「ただ、これは学校法人同士の提携になりますから、理事会での承認が必要です。みなさんが議論をし、系属高校を作ることが本学の発展にとって必要だということの合意が得られた場合、理事会において私から理事長や他の理事にお願いする形になります。メリットもあればデメリットもあるでしょうから、慎重な議論をしてください。できるかできないかを考えるのではなく、どうしたらできるかという視点での議論を、ぜひ行っていってください」

系属校なら学校案内にも記載してもらえる。進路先の高校を選ぶ時に、その先の大学まで見据えてもらえるはずである。一方で、これまで横並びであった指定校の上に、新たな階層を生んでしまうことにもなりかねない。

♪　卒業生を活用しよう

卒業生が、ご子息、ご令嬢のうちのひとりでよいので本学に送ってくれるのであれば、将来にわたってまずは安泰である。だが、それは難しいと学生たちは言う。自分たちが親になった時に、今と同じくらいの学費を子どもに出してやれる自信がないというのだ。そして自らの境遇を振り返り、高い学費を払ってもらっているのだからしっかり勉強しなけれぱと、思いを新たにするようである。

「本学の卒業生の中で、音楽教室に勤務していたり、自宅で音楽教室を開いていたりする人も多くいます。そこで、その音楽教室に通ってきている子どもたちをひとりでも本学に送ってほしいのです。そのための具体的な方策は何でしょうか。そこで、今度のオープンキャンパスの時に、卒業生のネットワークを活かして大学にお越しいただき、大学の現状をお話しし、ぜひご協力いただきたいとお願いする場を設けようと考えています」

四十代、五十代になった卒業生、その彼らが通っていた頃の大学と今の大学は大きく様変わりしている。若かった頃は、教わった教員がまだ在籍しているので、大学祭などの機会に大学に遊びに来ることもあった。だが、そのような顔見知りの教員が定年などで退職してしまうと、たとえ母校であってもなかなか訪問する機会に恵まれない。学びのシステムも、履修する科目も、そして授業内容も、かつてとは大きく変わっている。まずはそれを知ってもらう機会を設けることが急務である。

私立学校の卒業生は母校愛が強い。それを活かさない手はない。まずは久しぶりに大学のキャンパスに来てもらい、自分が大学生だった頃に一瞬でも戻ってもらい、あの頃の楽しかったできごとを思い浮かべ、同級生たちと当時の思い出話をして盛り上がることができれば、教え子にも自分と同じような体験をさせてあげたいと考えるに違いない。だからこそ、事務的に大学案内を送付するのではなく、実際に大学キャンパスまで足を運んでもらえる機会を作ることは大学側の役目であろう。

♪ 業績報告のお願い

「先生がたの昨年度の業績について、いつものように業績報告シートに今月末までにご記入ください。新任の先生には、記入の仕方に関する手引きを後ほどお渡しします。大学は研究機関のひとつでもあり、先生がたの研究活動をサポートし、その成果を公表しなければいけません。もちろん、年度末の昇格審査でも参考資料として使いますので、正確に漏れなく記入してください」

さて、ここで言っている大学の教員の業績とはなんだろうか。教員募集のところで論文のことを挙げた。もちろんこれは大事で、研究という範疇に入る。ベストティーチャー賞を受賞したということは、教育面での業績になる。さらには、学内運営、そして社会貢献などが主なものであろう。大学側は、個々の教員が昨年度どのような業績を残したのかを把握し、それを公表していかなければならないので、大学のホームページ上で自ら記入し報告することを求めている。

具体的に言うと、研究業績とは、執筆した論文や著書の数、理系なら特許の数なども含まれる。翻訳は手間暇がかかるが、業績にはならない。まさに趣味で翻訳することになる。本学は音楽大学なので、主催した演奏会もこの研究の領域になる。論文についていうと、悲しいことに、論文の内容や水準はあまり問われない。他領域の研究について内容の水準をどうこう言える人は、ほぼいない。となると、どのような学術誌に掲載されたか、論文は一本、二本と数えるのだが、その年度に何本掲載されたかはわかるものの、専門外の第三者には内容や水準を客観的に評価するのは非常に難しい。だから内容はほぼ不問となる。なお、最近は論文引用件数が求められることもある。自分が書いた論文が他者の研究で引用される件数が多いほどアップデートなもので、高く評価されているだろうというのである。

教育は、担当授業時間数、指導する学部のゼミの人数、指導する大学院生の数、査読した学位論文の数などになるであろう。気がついたであろうか、いずれも「数」なのである。担当する授業は、多くの場合、九十分を一コマと数え、前期と後期でそれぞれ何コマを担当したかになる。だが、教員からは、受講生が五人の授業と百人の授業が同じ一コマ扱いなのはおかしい、演習と講義は違うはずだという声もあがってくる。研究論文も評価しにくいが、それ以上に評価しにくいのが教育という領域なのである。本書を読んでくださっているみなさんにも、大学時代にお世話になり、自分にとっては一番尊敬できるような教員がいただろう。だが、そのような教員が必ずしも業績面で評価が高いわけではないのだ。

「演奏が専門の先生がたも、今の時代は論文執筆が求められていますから、予定を立てて準備をしていってください。過剰な負担にならないように、単著だけではなく、おふたりくらいで共著にしても構いません」

研究者は、当然のごとく研究をすることが使命である。では、研究者というと、どのような人を思い浮かべるだろうか。研究者の絵を描いてもらうと、大半の人が白衣を着て注射器などの実験器具を手にした男性を描く。このような絵を見ると、ジェンダーバイアスを感じざるを得ない。それも研究者であるが、大学の教員や研究所に勤めている人も研究者であるし、さらに言えば大学院生も研究者の端くれとなる。となると、音楽大学に勤務する教員はみな研究者であり、ピアノの著名な演奏家でも少なくとも大学に在職している限りは研究者になる。そのため、ピアノや声楽の教員にも論文執筆が求められる。簡単そうに思えるかもしれないが、これは極端な言い方をすれば、哲学が専門の教員に演奏会の企画を求めるようなものである。演奏家からすると、演奏をすることが使命であり、論文執筆を強く求められることは理不尽でハードルが高いものに感じるであろう。まずは気の合う教員同士で分担しながら一緒にひとつの論文を書くことを薦める。これが共著である。さらに時間と意欲があれば、ひとりで論文を仕上げる単著にも挑戦してほしい。というのも、論文の中で執筆した部分が十ページ以上はほしいからである。短いと業績としてカウントされない危険もあるからだ。どこまで演奏家の首を絞めればいいのだろうか。

「学内運営も先生がたの業績の大事な一部で、評価されるべきものなのです。役職だけではなく、各種の委員会の委員、プロジェクトチームのリーダー、高校訪問、高校への出前授業など、忘れずに記入してください」

学内運営とは、入試委員会や学務委員会、学生委員会といった各種の委員会の委員や委員長を行っているか、オープンキャンパスに関わっているか、高校への出前授業をやっているか、学内演奏会などの裏方をやっているかなどであろう。これらは大学がスムーズな運営を行っていくためには必須の業務である。それに積極的に関わっている教員には高い評価を与えたい。それなりの処遇もしたいと私たちは考える。だが、新任の教員など若い人はそのような委員につきにくい。入試委員など大学運営の根幹に関わる業務はベテランが担うことが多い。となると、学内運営に関心があって能力もあるとしても、それを担えない場合もある。つまり、すべての教員に公平に機会が与えられていないので、教員の努力だけで作れる業績ではない。でも、私も含めてみんなじっと見ている。日常の動きを。この先生は大局的に物事をとらえて発言しているか、私利私欲に走ってはいないか、公平平等な視点で理解してくれるかなど。そこでフィルターから除外されなければ、必ずどこかで何らかの役割を果たすことになるはずだ。

最近、本学を含めて多くの大学では高校への出前授業を多く行っている。これは、大学の教員が高校に実際に出向いて授業を行うもので、個々の教員に出前授業として高校生に話すことができるテーマなどを事前に聞いておき、高校側の求めに応じてそれにふさわしい教員を派遣する。高校生からすると、その大学に行けばこのような興味を惹かれる授業を受けることができるのだという関心が高まり、志願してくれる可能性が高まる。だから、魅力的な授業を出前しなければならない。

社会貢献とは、大学の外での活動である。教員の中には、各種の資格試験の出題委員をしていたり、マスコミに頻繁に登場したりする人もいる。国や自治体が主催する審議会の委員なども、社会貢献のひとつである。このような場への登場に際して、所属先の大学の名前を付しているので、大学名の周知という点では広報活動にもなる。

こうして考えてみると、三十代くらいの若い教員は学内運営に関与できる機会は少なく、研究活動を積極的に行っているはずである。研究データを集めて論文をしっかり書くには時間が必要だが、まだその時間を確保することができ、かつ比較的自由に使えるのはこの年代くらいまでであろう。四十代は最も脂が乗った頃で、教える立場になって十数年が経過し、教え方にもその人なりのスタイルが確立されているに違いない。自信を持って授業に臨めるようになったはずで、教育という面では大学の先頭に立っている。

そして四十代の終わり頃から、准教授から教授への昇進がなされていく。各種の委員会で委員長や副委員長を任され、さまざまな意見を持った教員たちをまとめていくという新たな仕事が生まれ、学内運営に関わる時間が急速に増えていく時期である。そして五十代になれば、研究より学内の運営が仕事の大半になってしまう。

中には、三十代ですでに社会的に名前が通り、マスコミに頻繁に登場するような教員もいる。それも広い意味では業績のひとつであるが、なかなかそのような機会がすべての教員に均等に与えられてはいない。

「教員のみなさん、これから学科の新設やカリキュラムの変更をしようとすると、大学設置基準と教職課程認定というふたつの申請を改めて文部科学省にしなければなりません。その過程で必ず教員のみなさんの業績審査がありますから、ぜひ今から論文執筆に勤しんでほしいのです。学会誌だけではなく本学の『紀要』でもいいですから、積極的に投稿してください。では、これで第二回の教授会を終わりにしましょう。お疲れ様でした」

大学を作るには、文部科学省の大学設置基準を満たさなければならない。図書館や体育館などの施設が整っているか、専門にふさわしく年齢も相応な教員が配置されているか、サポートする事務組織はできているかなどに至るまで多方面にわたって基準があり、そのすべてをクリアしなければ大学を作ることはできない。たとえお金が潤沢にあったとしても、簡単に作れないのが大学なのである。

これだけではない。医療系などを除くと、多くの大学では教職課程を持っていて、指定された科目を履修して単位を得ると教員免許が得られるが、それに適した教育内容が整っているかも審査される。これが教職課程認定である。五十から六十代くらいの保護者の方の中には、大学でちょっとだけ科目を履修すれば簡単に教員免許が得られるのだから、大学に通えばほぼ全員が取得できると勘違いしている人がいる。もちろん、そのような時代もあった。だが、今は違う。必要な科目数も増え、介護等体験というものもしなければならないので、取得しようとするとかなりの負担になる。そして、教える側の大学教員も大変なことは、ほとんどの人が知らない。というのは、教える科目ごとに活字業績があるかが問われるからだ。たとえば、教職課程で最初に学ぶと思われる教職概論や教育原理を担当する教員は、教職概論を教えるだけの活字業績、教育原理に関連する活字業績があることなどが求められる。しかも過去五年以内に、ある程度のページ数の論文発表の実績などがなければならない。そのため、数年後に新たな教職科目を担当することがわかったら、急いで何かしら関連する論文を書かなければならない。常にお尻に火がついた状態である。関連する活字業績がないと、担当者として不適格であるので交代しなさいという命令が行政から来てしまう。そのような命令が下されたら教員として肩身が狭く、また大学としても適任者を新たに探さなければならなくなる。あってはいけない事態である。ただ、豊富な経験があり教職への造詣が深い教員でも活字業績がなければ不適格で、活字業績だけあればいいという、今のシステムには疑問を感じざるを得ない。

私の言葉の中にあった『紀要』とは、大学あるいは学内の機関が発行元となっている研究論文集である。大学は教育機関であると同時に研究機関でもあり、その責務を果たすという意味から、所属する教員たちの日頃の研究活動を社会に広く発信するためにこのような論文集を発行している。多くの場合、学内の紀要編集委員会などで形式的な審査があるが、執筆するとほぼ掲載してもらえるので、研究論文の数を稼ぐのには好都合な存在である。安易なもののように見えるが、今はほぼすべての紀要が機関リポジトリという名前のもとにネット上で公開されており、誰もが自宅のパソコンから見ることができてしまうので、お粗末な論文は書けない。となると、論文を執筆しようとすると、それなりのエネルギーが必要で、『紀要』といえども遅くとも原稿提出締め切りの半年ほど前から準備をして書かなければならず、大変である。

春のオープンキャンパス

♪ オープンキャンパスに来てもらおう

オープンキャンパスというのは、土曜日や日曜日、あるいは夏休みなどに、高校生や保護者に実際に大学に来てもらい、学長から大学の全体像の話、職員から学びのシステムの説明などをし、さらには模擬授業や模擬レッスンを見学してもらうイベントのことである。

場合によっては学食のランチ券を配布する大学もある。こうやって生の大学を見てもらうのである。もちろんさらに詳しいことを知りたい人もいるので、個別相談のブースも設ける。このオープンキャンパスにどれくらいの高校生が来てくれるかが、次の入試における志願者数のバロメーターになり、全学を挙げての歓迎行事となる。志願者獲得のためには、最も重要な広報活動といえる。

「みなさん、本来はお休みの日なのに出勤していただきありがとうございます。今日は春のオープンキャンパスの日です。大学にとってはきわめて大事なイベントです。運よく晴天に恵まれましたから、多くの高校生と保護者の方が来てくださると期待しています。ひとりでも多くの高校生が本学を志望し、受験してもらえるように、わかりやすく丁寧な説明と親身な対応をぜひよろしくお願いします。みなさんでは回答しにくいような質問などが出てきた場合には、私も個別相談のところにいますから、こちらに来るようにご案内ください」

ひとりでも多く本学を志願してもらいたいので、在学生も巻き込みつつ教職員一丸となっての受け入れとなる。

「なお、今回のオープンキャンパスでは、キャンパスの案内はこれまでは職員が対応してきましたが、今年は学部の四年生にお願いしています。去年までの職員と違って、高校生と年齢が近く、さらには学内のこともわかっている四年生なら、学生目線に立った的確な説明をしてくれるのではないかと期待してのことです。学務課と学生課の職員が相談し、成績も良く、人柄も問題ない学生を選びましたからご安心ください」

成績も良くて人柄も問題ない学生、そのような学生は、大学案内に載るような学生であるが、たくさんいるようで実際はなかなかいない。もちろん、成績だけを見ればたくさんいるだろう。人柄の良い学生も多い。だが、両方を兼ね備え、同級生から一目置かれているような学生となると、それほど多くないのが実際である。だから、頼まれる学生は何かあるたびに常に頼まれてしまい、誠に申し訳なく思う。でも、このような学生に任せておくと無難にこなしてくれるので安心できる。これが教員の本音である。大学は教育機関であるということを考えると、本当は、いろいろな学生に経験してもらうことも必要なのだが。

もちろん学長である私も、「チコちゃん」ではないが、ぼーっとしてはいられない。学内を歩きながら、場所がわからずにいる高校生を見つけたら目的の場所まで案内をし、高校生同士のグループなら気楽に声かけをして大学の印象を聞いてみたり、保護者と一緒にいたら私の名刺を渡しながら自己紹介をしたりもする。まずは本学の学生や職員を身近な存在だと考えてもらうことがオープンキャンパスの目標である。配った名刺の枚数でどれくらいの来場者があったのかも推測できてしまう。学長名の名刺を見ると、ほぼ全員が目を丸くし恐縮するが、「高校に戻ってわからないことができたら私のアドレスに連絡していいですよ」と伝えるとうれしそうにする。中にはお礼を兼ねてメールをしてくる高校生もおり、もちろんしっかり返信している。まさに営業活動である。

今の高校生はあちこちのオープンキャンパスに行っている。だから「ここは楽しそう」「ここはキャンパスがきれい」「ここの学生は親切だった」など、素朴な感想を抱きながらも、しっかりそれぞれの大学を比較する。そのようなポジティブな印象を持ってもらえるような努力や工夫が欠かせない。ただ、ここの大学のカリキュラムが充実しているか、授業の内容が魅力的かなどは問われないのが悲しい。大学はレジャー施設ではないのだが。

まずはお越しいただいたみなさん全員への挨拶である。

「高校生のみなさん、保護者のみなさん、本日は春のオープンキャンパスにお越しいただき、ありがとうございます。今日は、本学がどのような教育を目指しているのか、具体的にはどのような学びをしているのか、どのような学生生活を送ることができるか、それを大学がどのようにサポートしていくのか、などについてお話しさせていただきます。まずは、本学を紹介する二十分ほどの動画をご覧になってください」

高校によっては、学校が休みの日にいくつかの大学のオープンキャンパスに行くことを課題としている。高校生からすると、自分が学びたい学部がある複数の大学を見てくるので、立地条件や雰囲気などを肌で感じ取れる。その上で比較する。どちらがよいか、どちらが自分に適しているかと。だからこそ若い高校生たちが魅力を感じるようなオープンキャンパスにすることが必要である。

そのためには、今は動画の活用が必須である。大学全体の様子や学科の特徴がわかり、さらに大学生活を謳歌している学生の姿がふんだんに盛り込まれていると、高校生たちはその姿に自分自身を重ね合わせ、この大学ならやっていけそう、楽しめそうと考える。そう考えてほしい。だからこそ、充実した内容の動画が必要になる。動画と比べると、写真を提示するだけではインパクトが低いのは確かだろう。

♪　個別相談のブースでは

「全体説明が終わりましたので、キャンパス案内に行かれる方は在学生がご案内いたします。また、入試科目やカリキュラム、進路など専攻ごとのより詳しい情報についてお聞きになりたいという方は、隣の部屋に個別相談のブースを用意しておりますので、お時間がある時にどうぞ自由にお寄りください。どのような質問でも構いませんせん、ぜひご活用ください」

個別相談には、ほとんどの場合、保護者も一緒に来てくれる。保護者は学費を出してくださる方であり、本学を志願することに関して十分納得していただけるようにしなければならない。ただ、近年は個別相談の風景も変わってきた。以前は志願する高校生自身が、大学生活の様子、進路のことなどを聞いてきた。今は、違う。保護者が率先して大学生活のことを尋ねてくる。幼かった我が子が大学生になり、自宅を離れてひとり暮らしをさせることなど、不安は尽きないのだろうから、質問してくることを否定するつもりはない。だから質問には丁寧に回答する。これが大事。

だが、いつまでたっても受験する本人からの質問はない。保護者に「ほかにありませんか」と聞いた上で、黙って帰ろうとする高校生にも尋ねてみる。「あなたは何か不安などありませんか」と。そうすると、恥ずかしそうな表情を浮かべながら、「音大は女の子が多いようですが、彼氏はできるんですか……?」。「大丈夫、男子学生もいっぱいいるからね」と答えてしまう。まったくの嘘ではないものの、帰っていく後ろ姿を見ながら思う。ごめん、あなたしだいだからね。

♪ ホームページの充実を

オープンキャンパスの日に学校の用事が入っている、家庭の事情で本学まで来られないといったことなどもあろう。しかし、今日来られなかった高校生や保護者にも本学を見てほしい。知ってほしい。それに応えられるのが、今はSNSなどであろう。ネットの時代であり、ホームページなどでの情報発信がきわめて重要になる。だから、どこの大学でもホームページにお金をかけて、高校生が食いついてくるような、そしてわかりやすいものを作っている。

本学のホームページもそろそろ変えないと時代遅れになってしまい、高校生たちから見向きもされない大学になってしまう。そうならないためにも、アイデアの募集とその実行は欠かせない。

「教職員のみなさん、今日はありがとうございました。お疲れ様でした。予想よりも多くの高校生と保護者に来ていただけましたので、少し安心をしました。中には中学生もいましたね。ありがたいことです。また、高校生の娘が今日は模擬試験があるので来られませんので私たちが来ましたというご両親もいました。このように今日実際に来ることができない人もいますので、そのような方にも本学のことを知ってもらい、良さを少しでも感じてもらえるように、今のホームページを入試準備が本格化する前の夏には改変していきたいと考えています。どのような情報があれば満足感が得られるか、どうしたら本学のホームページを繰り返しチェックしてもらえるかなど、どのようなご意見、ご提案でも構いませんから、ぜひお寄せください。よろしくお願いします」

子どもが高校生でいろいろな大学のホームページを日頃から見ている教職員もいるので、貴重な提案をしてくれる。採用して間もない若い職員は、高校生目線で考えてくれる。それらの意見をもとに、業者に新たなホームページの概要を作ってもらい、数社でコンペを開く。予算も限られているのだが、本学の雰囲気に合ったものはどれか、これまでの本学とは違う印象を持ってもらえるものはどれかなどを考慮し、お願いする業者を決定する。

ホームページは、一度見たらもう見ないというのでは困る。いろいろな情報を載せているので、繰り返し見てもらうことが大前提である。そのためには、開いて見た時に毎回どこかが違っていることが必要である。今、担当の部署に「学長室からこんにちは」というような部分を作ってほしいとお願いしている。学長室にいると、実にさまざまな情報が入ってくる。学生がコンクールに入賞した、教員が本を書いた、CDを作った、昨日開かれた演奏会は満員御礼であった、オープンキャンパスに来た高校生の中に実は母親も祖母も本学出身だった人がいた、私が教えた学生が親になって子どもと一緒に来たなどで、時には大学の裏庭で学生が育てたらしいかぼちゃの実が大きくなったなどもある。それらの些細な情報、微笑ましい逸話などをホームページで紹介すれば、もっと身近な大学と思ってもらえるのではないかと考えている。もちろんこのコーナーだけではなく、最初のところで、可能なら文字だけではなく写真や動画があり、それが短期間で更新されていてほしい。学内でどのような出来事があったか、今日はどのような授業が行われているか、学生や教員がどのような活躍をしているかなど、これらを写真付きで載せることもひとつの案である。高校生たちにワクワク感を持って見てもらえるような作りにしたい。この大学に行けば自分も何かできそうだと思えるようなものであってほしい。教職員からのおもしろく具体的な提案を待っている。

♪　卒業生の集まりでは

大学躍進プロジェクトチームの提案の中にあった卒業生の活用の一環として、オープンキャンパスの日に卒業生の集まりを計画している。卒業生たちは久しぶりに大学キャンパスに来るので、開始時間のかなり前から集まりだして、自分たちが学んでいた校舎を懐かしそうに見たり、新しい校舎の眩さに目を細めたりする。

「卒業生のみなさん、本日はお忙しい中キャンパスまでお越しいただきありがとうございます。久しぶりの大学はいかがでしょうか。通われていた頃にはなかった新しい建物もありますね。もちろんみなさんがレッスンを受けた建物もまだ残っていますから、懐かしく感じていただけたのではないかと思います。

今日は春のオープンキャンパスの日です。高校生、そして保護者のみなさんがたくさんお越しになってくれています。ありがたいことです。みなさんのお子様、あるいは教え子の方々もあちらこちらの大学のオープンキャンパスに出かけられているのではないでしょうか。今は、大学のことを知ってもらうため、このオープンキャンパスがとても大事な行事になっているのです」

卒業生の中には、卒業してまだ数年の若い人もいる。そのような人は、久しぶりに会った恩師と抱き合わんばかりに再会を喜び、近況を報告している。一方、卒業して何十年かがたつと、恩師たちもみな定年を迎えて去っており、初対面の教員たちばかりである。実は、初対面だからこそこのような機会が必要で、今日以降また会うことがあれば、「初めまして」が「ご無沙汰しています」という関係に変わるからだ。

「さて、このオープンキャンパスですが、参加者数が徐々にではあるのですが減少傾向にあります。少子化ということでしょうか。大学はどこも同じような状況であり、志願者獲得に頭を悩ませています。ご多聞にもれず、本学も、今年初めて新入生が定員を割ってしまいました。由々しき事態です。このまま放置しておくことはできませんから、ぜひ卒業生のみなさまのお力をお借りしたいと考えました。そこで本日、オープンキャンパスの日にみなさまには、大学が今どのような学科構成になっていて、どのようなカリキュラムで、どのような授業をしているのか、どのような教員がいるのか、さらには卒業生の進路状況はどうか、なども含めて現状をありのままにお伝えしようと考えたしだいです。そして、可能なら、みなさんが今教えている生徒さんたちのひとりでも、もちろんみなさんのお子様でも、本学を受験するように導いていただければ幸いです。入試の詳細については、後ほど入試担当の職員からご説明いたします。では、本日はよろしくお願いいたします」

実際に高校生たちを教えている先生たちであることから、試験の曲はどのようなものか、どの程度まで演奏できれば合格できるかなど、かなり具体的な質問も出てくるが、それはうれしいことである。どうしたら本学に生徒を送れるかを真剣に考えてくれている証拠だからである。試験の日程、受験科目、演奏する曲などとともに、審査の基準なども言える範囲でお伝えすることが必要だろう。それが来年、再来年、もしかしたらその翌年の受験につながるからだ。

第三回教授会　大学としてのガバナンスとは

♪　音楽大学を運営するにはお金がかかる

毎年、予算を編成して、それに基づいて運営をしている。大まかに言うと、学生の保護者からいただく学納金と国からの補助金を合わせたものが大学としての主な収入となる。

これに対して、人件費をはじめとして大学運営に使われるさまざまな用途で出ていく金額を合わせると、支出が決まる。収入のほうが支出より多ければ、もちろん安泰である。学校であるので、儲ける必要はない。だが、赤字ではまずい。そうならないために予算申請で出てきたものを吟味し、適切な予算編成をしていくことが大切である。これを行うのが理事会である。

音楽大学はお金がかかるということはすでにお話しした。だが、実際は他にも音大特有の支出がある。

たとえば、国内外から著名な演奏家を招き、その方から学生がレッスンを受ける。これを公開していくが、学生や教員たちは大いなる刺激を受けることになり、それが次の学びや教育に活かされることにつながる。だから、声楽やピアノだけではなく他の楽器などでも、順番に企画を立ててお呼びする。これがかなり大きい額になる。

学生の学びを発表する時、このような郊外の大学のホールでは集客がままならない。観客が少ないと、学生の意欲も高まらない。だから、年に一、二回は街中の大きなホールを使うことになる。大学側も学生にそのような場所で演奏する経験をさせてやりたいのである。当日朝からのリハーサル、そして本番となると、ホールの賃料もかなりの額になる。

今は日本の伝統音楽も学ぶことが推奨されているので、琴や三味線、笙や篳篥《ひちりき》なども用意しておきたい。リコーダーなら学生に購入させるが、笙や篳篥を自分で買う学生などほぼいない。本業の楽器でさえ高額なのに、それ以外のものにまで手を出せないのが実情である。そのような楽器は大学が用意し、ある年限ごとに買い換えることが必要である。でも、学生の学びを考えると、これらを削ることは避けたい。

♪　決算報告を聞く

「みなさん、こんにちは。第三回の教授会を始めます。本日は昨年度の決算について、みなさんにもご報告するため、財務担当の理事にお越しいただきました。昨年度の決算が済み、先日、評議員会にも報告をいたしました。結果として、若干の支出オーバーになりました。先生がたには、削れるものは削るという姿勢で、教育活動に臨んでいただきたいです。そして、何回もお話ししてしまいますが、今年は定員を満たせませんでした。今の段階、定員通りの新入生が来てくれているのであれば支出オーバーも大きな問題にはならないかもしれませんが、定員を満たせませんでしたので、当然ながら学納金も減ってしまいます。補助金も減ってしまいます。ですから、今年はこれまで以上に節約をしていってください」

本学は附属の高校などがないので、大学の財務状況がそのまま法人の財務となる。収入と支出のバランスが取れていることが、本学が持続的な発展を遂げていく上ではきわめて重要である。数年前に新しい校舎を建てた。その資金は、これまでに在籍していた学生からの施設設備費で賄うことができた。それなりに貯蓄があったので、借金をしなくても済んだのである。学生の中には、保護者が支払った施設設備費は、自分が在籍している間にすべて使われると思っている人がいるが実は違う。建物を新たに作るには膨大な費用が必要で、長年積み立ててきたものを使う。つまり卒業生たちが在学時に残していってくれた費用で、次世代の学生のための校舎などを建てている。卒業生たちに感謝である。

バランスを取るには、収入を増やすことと支出を減らすことの二つの方法がある。もちろんどちらか一方だけというのは現実的ではない。両方をやらなければならない。だが、収入を増やすために学生数を増やしたいものの、実際にはそれは容易ではない。となると、まずは支出を減らしていくことであろう。では、どうするか。

支出の中で割合が最も高いのが人件費、すなわち教職員の給料である。現在、本学は人件費の割合が五九パーセントになっている。やや高い。健全な運営をしていくには、これを五〇パーセント前半にもっていきたい。だが、教員を解雇することはもちろんのこと、給料を減額することも、賞与の割合を低下させることもできない。待遇が悪くなれば、教員は別の大学に移ってしまう。今の教育環境を維持しながら、どう減額を図るか。今できることは、定年などで退職した教員にすぐに後任を補充しない、非常勤講師の数を減らす、職員の残業を減らすなどであろうか。いずれも難題である。悩ましい。

♪ ガバナンス強化が求められる背景

昨今、いくつかの大学で不祥事が起き、それへの対応の不適切さが問題視されている。かつてのような内輪の論理で対応しているだけでは世の中の変化に追いつけない。そのため、ガバナンスの強化が求められることになった。

「財務状況が徐々に厳しくなっていることをご理解いただけたと思います。さらに昨今、マスコミの報道などでご存じのように、いくつかの大学で問題が起こり、その対応の不適切さが明らかになっています。大学という閉鎖社会で長年行ってきた独自の論理で対応していては、世の中の流れについていけません。今日は、どうしてガバナンス強化が求められているか、本学としてどのようにガバナンス強化を目指していくかをお話しし、これからの大学のあり方について共通理解を図りたいと思います」

財務の好転もそうだが、ガバナンス強化も理事会の大きな課題である。今はこの理解のあり方が問われている。

♪　寄附行為とは？

「寄附行為」という言葉、耳にしたことがあるだろうか。寄附行為は、学校法人の憲法のようなものである。でも、寄附行為という言葉を耳にすると、誰かに何かをあげることというイメージが強い。実は、寄附行為という用語は法律用語で、法人を設立するための基本原則を記載した文書のことを指す。

この言葉は、ドイツ語の“stiftungsgeschäft”が原語で、日本の民法がドイツ民法をならって作られたものであることから、その日本語訳として寄附行為と呼ばれるようになっている。このドイツ語には、本来は寄附だけではなく設立という意味もあるので、寄附行為ではなく設立行為と訳しておけばわかりやすかったであろう。あるいはまた、学校法人はかつては財団法人と同じ扱いであった時期があり、財団法人では設立する時に寄附を募ることから、寄附されたものをどのように活用していくかの基本法則を作っておかなければならず、その意味から寄附行為と呼ばれているともいう。今のところは、学校法人を設立するための方針などを示したものが寄附行為だと考えておけば間違いはない。

その寄附行為には、何が規定されているのであろうか。私立学校法第三十条に明記されているのだが、学校法人を設立した目的、名称、所在地などから始まり、役員の定数、任期、選任及び解任の方法、理事会の規程、評議員会の規程などで、これらは寄附行為の中に明示しなければならない必要的記載事項と呼ばれる。もしも一部を変更しようとするなら、理事の三分の二以上の議決を得て、文部科学大臣の認可を得なければならないと決まっている。まさに学校法人の設立と運営に関する基本原則といえるだろう。

♪ 理事会と評議員会

私立大学の教職員は、その大学を運営する学校法人に雇われている。別の言い方をすれば、大学を設置しているのが学校法人で、そのトップが理事長である。学校法人は、少数の理事で構成された理事会を設けて、そこでさまざまな案件を審議し、予算を決めて実行している。つまり、お金を握っているのが理事会、そして学校法人といえる。そのお金を使って、学校法人が目指す業務を実践しているのが大学と言うと、わかりやすいだろうか。

時々質問されるのは、理事長と学長とどちらが役職的に上なのか、どちらが偉いのかである。先に述べたように、規程では理事長がトップであるが、理事長と学長がうまく連携をとって運営しているので、どちらが偉いというわけでもない。実際は、偉いかどうかを決めるのは第三者であり、どちらも偉いことは確かであろう。

理事長は理事会を代表する人物である。その理事会では、学校法人が行うさまざまな業務の決定をしている。その業務内容を規定しているのが寄附行為である。これに対して評議員会は、理事会の諮問機関で、理事たちが行っている業務に問題はないか、運営の方針に誤りはないかなどを監督する役目を担っている。なお、理事には善管注意義務が求められる。

「ぜんかんちゅういぎむ」と聞いて「善管注意義務」の漢字が思い浮かぶのは一部の人だけであろう。これは、「善良な管理者の注意義務」のことで、業務を遂行する上で必要な注意はきちんとしなさいという意味である。民法第六百四十四条には、受任者は委任の本旨に従い、善良な管理者の注意をもって事務を処理すべきであると規定されている。そのため、在任中に行った判断が不適切であったと訴えられる可能性を、退任後も十年間は有する。そのため適切な判断を繰り返していかなければならず、気が抜けない役職である。

♪ これからの大学運営

いくつかの私立大学での不祥事の背景には、同じ顔ぶれの者が同じ地位や役職にい続けることの弊害があるだろう。やはり世代交代は必要である。私立学校法の改正によって一斉にガバナンスの強化が強く求められることになった。では、そのガバナンスをどのように具体化していくのか。

　これまでの関係は、理事会が評議員会に諮問する、いわば理事会が考えたことがこれで問題はないですかと評議員会に尋ねるというものであった。評議員会で問題はなかろうと判断されると、改めて理事会にかけて議決を取り、正式に決定するという手続きが取られていた。新たな法律では、すべての私立学校に対して、運営基盤の強化、教育の質の向上、それに透明性の確保という三つを、責務として新たに課した。一言でいえば、学生を顧みない放漫経営がなされていないかが第三者から見えるようにしろ、という意味である。そのための方策としていくつか示されたが、その中には、誰を理事にするかをあらかじめ評議員会にかけて意見を聴取し、理事と評議員を兼務することを禁止し、適切な対応がなされていない場合は理事の解任を求められるなどの権限が評議員会に与えられた。つまり、理事会と評議員会の関係が緊張関係に置かれる。このことは、理事に誰が就任するかだけではなく、評議員に誰がなるかも法人の運営にとって重要な要因になったことを指している。定員割れを起こしている私立大学は増加している。これまでの馴れ合いの関係では激動する社会の中で学校が生き残るのは難しい。そうならないためにも理事会と評議員会でお互いに牽制し合いながら適切な運営をすることが求められている。

「最後にお願いです。毎年行っているFDについてです。学生集めの基本は、より魅力的で知的好奇心を満たせる授業が実施できているかどうかです。それが曖昧になれば、自ずと高校生から選ばれない大学になってしまいますから。その一環として、今年も先生がた相互による授業参観を行いたいと思います。今年やっていただける先生は、私までお知らせください。もし少ないようでしたら、私からお声がけしますので、ぜひチャレンジしてください。よろしくお願いします」

♪ FDとは

大学設置基準というものの中で、「大学は、当該大学の授業の内容及び方法の改善を図るための組織的な研修及び研究を実施するものとする」と規定されている。これを実行するために、ファカルティ・デベロップメントの略称としてFDという用語ができている。FDとは、教育内容とその方法などをはじめとする事柄の研究や研修を大学全体として組織的に行うことを意味し、法改正によって義務化されたことから、これを実施することが必要になっている。具体的には、教員同士の授業参観、新任教員への研修、授業改善に向けたワークショップの開催などが行われている。

この中のFDとして授業を他の教員に公開する場合、何月何日何時間目のこの科目を公開しますと周知することが多い。授業する側の教員は、この日に向けて念入りの準備をし、学生にもよく言い含めておけば、活発な論議がなされ居眠りをする者もいなくなる。となると、いわばよそ行きの顔を見せられるわけだが、教員が突然来るような場合は常に緊張して授業をしていなければならない。だから怖い、だから疲れる。でも、いつ見られてもいいような授業をすることが大事だろう。大学の中には、学長がふらっと教室に入ってきて一番後ろに座って聞くというところもある。本学の教員たちにも、ふらっと行ってよいことを認めてもらいたい。が、嫌がるだろう。私が教えている側であったら、いい加減な授業をしているわけではないが、絶対に突然学長には見に来てほしくない。来る時には、あらかじめ言ってね。

♪　授業参観が終わると

「他の先生の授業を参観していただいた場合には、簡単でいいので、感想など書いたものをその先生にお渡しください。それを元に、授業をより充実したものにするための方策などについて、授業を行った先生はまとめていただき、それを報告書として学務課まで提出してください。先生ご自身の専門とはまったく違う領域の授業でもよいですからね。むしろその方が新たな刺激を受けることにもなりますから、授業時間が重複していたりすることもあるでしょうが、ぜひいろいろ参観に行ってください」

小学校や中学校、そして高等学校の先生は、研究授業と称するものを行うと、他の教員や教育委員会の指導主事が授業を見に来る。というより、見てもらえると理解しておこう。しかし、大学の場合、かつては同僚の先生の授業のやり方を見ることなどなく、学生時代に受けた授業のことを思い出しながら、自分なりにやるしか方法はなかった。だから昔は、ベテランの教員の中には分厚いテキストを教科書として指定して購入させ、毎週、それを丹念に学生の前で読むだけの教員もいた。板書などはしない。これでは授業に出る意味はないが、このような教員ほど厳格に出欠を取るので、学生は休むこともできない。そのため、仕方なく授業の教室に行き、学生はみな寝る。寝るしか時間の有効活用の方法がないからである。

重要な概念らしい言葉を教員が黒板に板書しても、文字が小さかったり、あまりに乱雑すぎて読めなかったり、あるいは書いた黒板の前にずっと立っているので学生からは見えなかったりする場合もある。「読めるように書いてほしい」「書いたら左右どちらかによけてほしい」などと言おうものなら、学籍番号を聞かれ、評価がDになったりするような悪徳教員もいた。だから何も言えずにいたのが昔。今なら、「先生、見えません」と直接言われたり、授業アンケートに「ホワイトボードの文字が読めなくて最低」などと書かれたりしてしまう。学生にとっては良い時代になったものである。

オーケストラの授業に、教員が複数入ることがある。学生と一緒に演奏する。学生たちにとっては緊張するかもしれないが、時に興味深いことも起こる。作曲家が記載した楽譜上の音についての解釈が教員によって異なるのである。ある教員が考えを述べると、他の教員が別の解釈を示す。さらに別の教員も私見を述べる。学生たちは戸惑うかもしれないが、同じ楽譜であってもそれだけ多様な解釈ができることを肌で感じるだろう。そういう機会は増やしてやりたい。

♪　授業アンケートなるもの

「前期の授業も半分ほどが終わりましたが、最後の授業が終わったら、学生には授業アンケートに回答するように伝えてください。大学からも一斉メールで周知します。今年から学生がネット上で回答できるようにしましたので、より回答しやすくなったはずです。集計が終わりましたら、先生がたにフィードバックしますから、それを見ながら授業の改善を目指してください」

保護者の世代であれば、大学の教員の授業について評価する機会などは与えられていなかったかもしれない。だが、時代は大きく変わり、大学設置基準の定める授業の内容及び方法を改善するための組織的な活動の一環として、授業アンケートが実施されることが多い。だから、ほとんどの大学で今は何らかの形の授業アンケートが実施されている。ただ、具体的な質問項目などは大学ごとに異なっている。

授業アンケートは、一般的には十数個の質問に対してそれぞれ五段階ほどで授業科目ごとに回答するようになっている。たとえば、教員は熱意を持って授業に臨んでいたかを、非常に当てはまる（五点）、当てはまる（四点）、どちらとも言えない（三点）、当てはまらない（二点）、まったく当てはまらない（一点）、のどれかを選択して回答する。その回答は平均値となって教員にフィードバックされる。

ただ、たとえ毎回真面目にやっている教員でも、十五回すべてに熱意を払うことはできないかもしれない。やや熱意に欠けた回が一回あったとして、その部分だけを拡大視して回答されても困る。ＦＤとして他の教員に見せる授業は、いわば周到な準備をしたよそ行きの顔。だが、学生たちは、素顔を見てしまっているので、出される回答は辛辣である。自由記述欄に記入があれば、匿名で教員に戻されるので、日頃の鬱憤を晴らさんばかりと不満を書き連ねる。アンケート結果が送られてきて、最初は憤慨するものの、それに目を通し、さらに自らの行いを振り返ると、言われても当然というものが思い浮かぶ。学生は見ている。そして冷静に教員を評価している。だが、学生からの声にどう応えるかは教員しだいである。完璧な授業なんてものはないのだから、本学の教員にはその生の声を真摯に受け止め、少しずつでも改善してくれることを願っている。

なお、気をつけておきたいこともある。こちらに好印象を持ってくれた学生は一所懸命コメントも書いてくれる。だが、嫌いな教員、不満ばかりの授業科目の授業のアンケートには記入するのも嫌だという学生がいるかもしれない。書いたからといって改善されないのだろうから、そんなところにエネルギーをかけたくないというのだ。だから表に現れていない学生の声にも配慮してほしい。指摘には真摯に向き合うこと、これが前提であろう。授業中の学生の表情や様子を把握できていれば、的確な評価も可能になるだろう。なお、中には自由記述欄に一言、「好き」などと書いてくる学生もいる。これは誰だろうと思っても匿名。直接言ってくれればいいのに。でも、信じちゃいけませんよ。

♪　ＳＤは職員の資質向上のため

「教員の方々にはＦＤの活動を求めていますが、職員のみなさんにもＳＤという名の活動が必要になっています。時代の変化に即した学生対応をしていくためにも、現状の把握と解決策の模索は重要です。教職員それぞれが研鑽を積んでいるのです」

ＦＤが教員を対象としたものであったのに対して、大学運営の両輪のもうひとつ、職員に対しても同様のことが求められている。それがＳＤで、スタッフ・デベロップメントの略称である。大学に勤める職員が運営に必要とされる知識やスキルを身につけて、資質の向上を図る研修を意味している。ただ、より効率的な大学運営を行うためだけのスキルアップ研修ではない。あえて言えば、職員が大学を動かす両輪の他方である教員を動かしていくことも含んでおり、単に事務処理をするだけが職員ではないという考え方である。

本来は、このＳＤにおけるスタッフには、職員ばかりではなく教員、さらには法人役員なども含まれており、ＳＤの活動の中の一部について教員だけで行うものをＦＤと称する。簡単にいえば、ＳＤの方が上位概念で、教育研究活動全般が効率的かつ適切に行えるように知識や技能を修得し、その能力を向上させるための研修を指している。まさに教職協働である。これを確実に実践していくには、教員が職員を同じ仲間だと理解し、尊重する姿勢が不可欠である。それがないまま職員から教員に何かを求めても、いい結果を得るのは難しい。全学が一丸となって進もうという意識の醸成が必要だろう。

保護者会総会

子どもが高校生の頃までは、保護者会が定期的に学校で開かれ、授業参観や教員との懇談会を通して学校の状況などを知ることができた。かつての大学ではそのような保護者会などはなかったが、進学率が高まり大学の大衆化が進み、一方で個々の家庭の子どもの数が減り、子どもがひとりというご家庭も多くなった。そうなると、どうしても親の関心は子どもに向かい、子どもが通う大学でも同じような保護者会を開くことが期待される世の中になった。

「本日は、遠方からの方も含めて、お忙しい中、多くの保護者、ご家族の方にお集まりいただき、ありがとうございます。一年生は四月に入学して数か月がたちましたが、ご家庭でどのようなことをお話しになっているでしょうか。満足しているとか楽しいという言葉が出ているとうれしいです。後ほどで構いませんから、いろいろな声をお聞かせください。では、これから本年度の保護者会総会を始めさせていただきます。最初に大学の近況をご報告いたします」

保護者会は、年に一回、大学のキャンパスで開催している。本日、その総会が行われる。大学の現状、学生の演奏活動の成果、そして大学の財務や課題などを報告するのが恒例となっている。したがって、これらの話をしっかり聞くと、大学が今どのような状況になっているのかが保護者にもわかる。学生から集めた学納金が教育活動に有効活用されていることを保護者にも知ってもらわなければならない。保護者にとっては貴重な時間になるに違いない。

「では全体説明が終わりましたので、これから相談コーナーに移動してください。レッスンなどお子様の教育を担っている先生のところへどうぞ」

大学の状況を知りたいというのもあるが、我が子はどうなっているのかを知りたいというのも保護者の本心であろう。一年生の保護者なら、大学での新生活に本当に順応できているのか、しっかり勉強しているのか。二年生くらいの学生の保護者であれば、今後の進路に向けて今のうちに何をさせておくといいか、学校の教員になりたいと言っているが我が子でも可能なのか、留学をしたいようだが具体的にどのような準備が必要か。三、四年生になると大学院に進学をした場合の進路など、保護者からの質問は多種多様である。

　レッスンの担当教員なら学生のこまごましたことをよく知っているので、保護者たちは挨拶も兼ねてそこに顔を出す。さらには本学のように小規模大学であると、職員でも学生の名前を聞くだけで顔が浮かぶ。どの学生に恋人ができた、相手はどのような人か、時には恋人と別れたなどの情報も、怖いことにすべて把握済みである。保護者たちからすると、小規模大学に通わせていることの大変大きなメリットであるかもしれない。

〈夏〉

第四回教授会　早くも次年度の学事予定決め

♪　学事予定を決めていこう

「こんばんは。前期最後の教授会になりました。暑い日が続いていますが、みなさん、お変わりありませんか。では、本日もよろしくお願いします」

予定は未定などという言葉もあるが、大学では新しい年度が始まる前にほぼ予定を確定させておくことが必要になる。それに従ってすべてが進む。年度途中での変更は、ほぼできない。だからこそミスは許されない。職員の目、教員の目、それも複数の目で繰り返し確認して最終版を決定していく。

「本日は、最初に次年度の学事予定案についてご意見を頂戴したいと思います。もう次年度のこと、などと思われるかもしれませんが、骨格が決まったら演奏会などの予定を組み込んで、最後に調整を図らなければならないので、本日、お出ししました。一緒に確認してください。もし、明らかな誤りがある場合には教えてください。多少の不都合はあるかと思いますが、申し訳ないのですが、学事予定に合わせてみなさんのご予定を変えていただければ、誠にありがたいです」

まだ七月で前期も終わっていない時期ではあるが、もう次年度の予定を少しずつ決めていかなければならない。せっかちな大学ではなく事務処理が早い大学では、翌年度の非常勤講師の約束を八月に文書でお願いしてくるところもあり、そのためにもある程度学事予定を決めておくことが必要になる。ましてや今年は秋に学長選挙が控えているので、臨時の教授会も開かねばならず、前倒しして検討する必要がある。

学事予定は、大学によっては学年暦ともいい、さまざまな行事をどのような日程で運営していくかを決めたスケジュール表である。基本は、前期十五回、後期十五回の授業時間の確保である。これを確実にするため、私立大学では祝日に通常通りの授業をする日を設けたり、実際は水曜日でもその日を月曜日として扱うというように、違う曜日の授業にその日全体のスケジュールを変えたりする。そのため、祝日なのに通学する大学生の列を駅で見かけたりする。国立大学では、曜日の入れ替えはあったとしても祝日に授業をすることはない。基本的に公務員は日曜や祝日には働かないからだ。大学設置の主体によって異なることはいくつかあり、そのひとつといえるだろう。

授業の曜日が確定したら、入試やオープンキャンパスを組み入れる。さらに、音大特有の受験準備講習会の日程を加える。学生の学びの発表の場である演奏会も入れる。なかなか教員全員の都合を合わせるのは至難の業である。保護者会総会もある。もちろん、教授会を月に一回程度は入れておかないとスムーズな大学運営はできない。それらがすべて決まると、最後に各種委員会の日程確定となる。となると、何もない日はほぼない。ということは、学長らに休みはない。

「今年の夏の受験準備講習会は、例年よりも参加者が多いようです。よかったです。しっかりレッスンをしてあげて、参加してくださる方々のひとりでも多く本学への受験につなげてください。大学の将来が、先生がたの肩にかかっていますからね」

受験準備講習会というのは、一般の大学にはない特殊なものである。音楽大学を受験するにあたっては、入試の直前に受験する大学を決めるのでは遅い。歌であってもピアノであっても、それなりの準備が必要である。学生たちに聞くと、ピアノは三歳くらいに始めたとか、五歳からやっているとか言う。かなり早期から始めていて、だからこそ入試の時点でベートーベンやモーツァルトのソナタが弾けるのであろう。歌の場合、そこまで早くなくても、高校一年生くらいから発声法などをしっかり学んでいないと課題曲となっているスカラッティやシューベルトの曲を的確に歌うのは難しい。

そこで、それぞれの音楽大学は、夏休みと冬休みの期間中に受験準備講習会という名の講座を開いている。早い場合は、中学生の時期から来ている子もいる。その参加者たちに本学の教員たちが希望に応じて歌のレッスン、ピアノのレッスン、楽器のレッスンなどを行い、どこを修正するともっと良い演奏ができるかなどをアドバイスし、本学の受験に少しずつ導いていくのだ。参加者の側からすると、本学の演奏実技の指導方法に特化した指導を教員から直接受けることができ、受験に向けた周到な準備ができる。さらには楽典などの授業も出ると、いつもの高校での音楽の授業では足りないところを補うこともできる。まさに一石二鳥、一石三鳥といったところである。

♪ 休学と退学も出てくる

大学に入学したものの、途中で何らかの理由によって一定期間休むには休学の手続きが、もしも大学を辞めるのであれば退学の手続きがそれぞれ必要である。これらの学生も教授会において入学の判定を下し、本学の学生の身分を与えたので、その身分が変わる時には教授会での審議が必要になる。辞めたい人は勝手にどうぞ、というわけではない。

「本日は残念なことですが、先週までに二年生で休学が一名、三年生で退学が二名、それぞれ届けが出ています。教授会での承認が必要ですから、お名前と理由などを簡単にご説明します」

せっかく希望したはずの大学に合格したにもかかわらず何らかの理由で授業に出ることが難しくなり、結果として休学や退学になる学生もいる。その数が多いのは大学にとって好ましい状況ではない。

思い描いた大学生活とは違うというのなら、別の大学に入り直すのもいいかもしれない。音楽以外への興味や関心が増したのでほかの大学に進みたいという声もある。不本意入学で親から言われたから受けた、顧問の先生がここに行けばいいと言ったから受験したという場合もあろう。だが、学ぶこと自体に疑問を感じたなどと言われてしまうと、こちらは返答に窮する。さらには学費を払うのが困難になったという経済的な理由を挙げられてしまうと、こちらは万事休すである。

このような悩みが寄せられた時、大学側ではまずは休学を勧める。経済的なことであれば奨学金を紹介する。少し大学を離れて自分自身を客観的に見つめる時間を持つことは、若い時期ではことのほか重要であろう。その上で改めて判断し、決断すればよい。その結果が、たとえ退学であったとしても。

♪　学長のひとりごと

「みなさん、本日は少し時間がありますので、単なる審議事項を淡々と進めるだけではなく、私が日頃考えていることをお話ししたいと思うのですが、いかがでしょうか」

大きな総合大学になると、一般の教員が学長と間近で接することは少ない。ましてや面と向かっての話などしにくい。だが、本学のような小さな大学であれば、学長が考えていることを生の言葉として教員たちに伝えることには意味があるだろう。

「かつては大学の数も少なく、進学率も低かったです。大学が高等教育機関といわれるのも当然でした。しかし、私立大学が乱立し進学率も向上したことで、大学はレジャーランド化したのが現実です。もちろん教育や研究に重点を置いて活発な活動をしている大学もあるのですが、中には定期試験の答案に「○○部に所属しています。よろしくお願いします」という言葉だけしかない学生が多数いる大学もあります。スポーツやサークル活動に、さらにはバイトに勤しむ生活を送っているのでしょうね。それらを否定する気持ちはまったくありません。四年間という時間を無駄に使わなければそれでいいと思います。でも、本当にそれだけでいいのでしょうか」

「社会に出て何年かして大学に遊びに来ると、卒業生たちのほとんどは大学時代に戻りたいと言います。もちろん友だちとの楽しい充実した生活、損得のない対等な友人関係などへの思いでしょうが、『今ならもっと真面目に授業を聞く』『あの頃もっと勉強しておけばよかった』などの声も必ず出てきます。後悔先に立たず、ですね。社会に出てからも学び続けるのは当然ですが、『学校』という、多くの人にとって社会に巣立っていく前の最後の学びの場が大学です。その学びを提供するという使命を大学は持っているのです。学生を集めることに腐心し、その使命を自ら放棄してはいないだろうかと自問することがあります」

「みなさんの大学の時の思い出として、印象に強く残っている授業はあるでしょう。それは必ずしも自らの専攻や必修科目とは限りません。多くの学生が手を抜きたがる教養科目のひとつであったものの担当の先生の話に強く感銘を受けたり、自らの考え方を広げたり、今になって新たな視点をもたらしてくれることもあります。もしかしたら百人の履修者がいて、その中のひとりがこのような印象を抱いただけであるかもしれません。あまりにも非効率的で、その授業科目の存在意味が問われるという声も出るでしょう。でも、学びとは知識やスキルの獲得だけではないと思うのです。

目先のことにとらわれず、学生それぞれの人生を見据えた教育、多様な考えを尊重し合う姿勢、自ら課題解決に向かって動こうとする原動力を身につける学びができるように、大学は素材を提供し続けることが必要なのではないでしょうか。難題に突き当たり解決策が見出せず混沌とした状況の中で、大学での学びが一筋の光になってほしいものです」

大学入試を終えるまで、高校生たちは自分は理系だ、文系だなどと言う。理系のクラスに入ると、工学部や理学部、さらには薬学部や医学部を目指す。これに対して文系になると、文学部、法学部、経済学部などが多いだろう。だが、理系とされる学部に入っても文系の知識は求められ、文系の学部に進んでも理系的な知識は必要である。学問がどんどん学際的になり、国語学の研究もパソコンを駆使する必要もあり、医療現場でも対人コミュニケーションの重要性が増してカウンセリング心理学のスキルも求められている。ましてや大学を卒業して社会に出ると、私は文系だからとか、理系だったので、などという理由づけは認められず、誰もが両方の知識や考え方を期待される。そのために多くの大学ではデータサイエンスに関する授業科目を必修などにし、数値で現象をとらえる力、その数値を読み解く力を高めようとしている。まさにこれが今の社会から必要とされているものであろう。

「今、世の中では科学志向、理系重視の流れがあります。私たちの生活を大きく変えている人工知能や仮想現実などは当然ながら理系の知識やスキルの結晶で、それに私たちみんなが恩恵を受けていることは確かです。理系の進歩がなくしては、私たちの生活の基盤が危うくなります。ですから〝リケジョ〟なんて言葉も生まれ、女性が理系に進みやすい環境を作ろうとしていますね。これを否定する人はいないでしょう」

「ただ、重要なのはバランスなのではないでしょうか。私たちがこの大学で教育している音楽は、論理というよりは感性の世界です。狭義の科学とは違う学問です。でも、東日本大震災をはじめとして大きな災害や事故に遭われた人たちを勇気づけてくれたのは、まさに音楽だったのではないでしょうか。音楽がない世界はありえるのでしょうか」

「車を運転する時、ほとんどの人は何らかの音楽をかけたり、ラジオをつけたりしていると思います。しっかり耳を傾けて聴くというのとは違ったとしても、無音の状態で運転している人は少ないでしょう。駅では発車メロディが流れ、家電製品ではご飯が炊けたり洗濯が終わったりすると音楽で知らせてくれます。今はさまざまな場面で多様な音楽が使われています。音楽のない世界はないのです」

「では、このように音楽が日常生活の中で密接な存在になっている今、音楽大学の果たす役割は何でしょうか。音楽大学だからこそできる教育や研究とは何でしょうか。学生たちの演奏のスキルをアップさせることは大事です。でも、もしかしたら近い将来、ＡＩが演奏することが多くなるかもしれません。テレビで、ストラディバリウスのバイオリンと安価なバイオリンの音の聞き比べなどもやっていますが、すべての人がストラディバリウスを聴き分けられませんね。同じように、生の演奏とAIの演奏を聴き分けることも難しいでしょう。聴衆が感動するのなら、AIの演奏でも十分です。違いは、その場の情景ですね。演奏してくれる人が目の前にいる、聴衆から演奏風景が見える、それが大きな効果をもたらすこともあるでしょう。演奏者という人、聴衆という人、その相互作用こそが感動する音楽なのかもしれません」

大学で音楽を学ぶとはどのような意味を持つのか。古代から人は音楽に触れてきており、それが現代人の心の中にも蓄積されているであろう。そのような個人個人が有している音楽に対する感受性は、特に刺激をしなければ眠ったままかもしれない。だが、その隠れた音楽性を、多様な音楽を経験することによって刺激し、十分に開花させ、それをもとに自己実現に導いていくことが可能になる場、それが音楽大学ではないだろうか。教員は自分自身の音楽性を高めることに加えて、さらには学生たちの開花を促進させるサポートをすることが務めであろう。そのような場に本学がなれるように、これからも精進が必要だと思う。

「なお、みなさん、夏休み期間中ですが八月最後の金曜日、十七時から本学恒例の夏のビア・パーティーを行います。新任の先生がたもご都合がついたらぜひお越しください。ひとりワンコイン、五百円です。学食でお待ちしていますよ」

学長主催ビア・パーティー

一般の企業などから本学の理事に就任した人たちは、仕事帰りに教員同士で飲みに出かけたりしないことに違和感を抱くようだ。だが大学という世界は、出勤時刻も帰宅時刻も、さらには出勤する曜日もさまざまである。一国一城の主同士で飲みに行くことはあまりない。単に協調性や社会性がないだけかもしれないが。

それでも気の合う教員同士、あるいは同じ専門領域の教員同士であれば、授業が終わった後に食事に出掛けていろいろな話をする機会もあるだろう。だが、別の専門領域の教員同士、さらには教員と職員が同じテーブルを囲むことは滅多にない。だからこそ、積極的にそのような場を作ることが必要になる。そのため、毎年夏のこの時期、本学では学食で学長主催のビア・パーティーを開催している。まだ夏休み中ということもあり、大学内に学生はいない。職員はほぼ全員が出勤しているが、教員は後期の授業準備などで一部が大学に来ている時期である。そのため、やや閑散としている。

会費はひとりワンコイン、五百円としているが、本当のことを言うと職員はただである。教員だけ有料なのである……このことを教員たちは知らない。ここでの飲食代は、理事長、学長、理事から集めた寄付が元になっている。だからか、パーティーにはふだんなかなか会うことがない理事長や理事も出てきている。

「みなさん、一斉休暇が終わりましたね。夏休みはいかがでしたか。本日は、恒例になっているビア・パーティーです。十八時半にはきっちり終了としますから、挨拶などは終わりにし、早くみんなで飲みましょう。途中で退席してもいいですから、ふだんなかなかお話しできない人と、ぜひ話してみてください。私もここにいますからね」

このような企画は喜ばれる。ただ、ビア・パーティーで残業代を払うのは好ましくない。だから時間を決めて、みんなで準備、みんなで片づけ。そして完全なお開きにする。また、ノンアルコールも用意するが、アルコールを飲んで運転されたら困る。だから飲んだら、駅までタクシーの相乗りをさせる。

ふだんはメールでしか連絡を取り合わない教員と職員が互いの顔を見て実際に話すことは必要である。顔が見えない相手へのメールでは真意が伝わらないことも多いからだ。円滑な大学運営にとって、互いの顔が見え、わかり合い、人柄を知ることは必須である。このビア・パーティーを経験した後は、教員と職員が学内で立ち話をする割合が高まっているように見える。年に一回とはいえ、意味のあるイベントではなかろうか。

大学によってはかつて教職員で親睦旅行に行ったり、スポーツ大会をしたりしていた。だが、今の時代、そのような企画は好まれない。この夏のビア・パーティーは、ある程度飲んだら途中で帰っても構わない。だから若手の職員も参加しやすいはずだ。

〈秋〉

第五回教授会　今年の入試の方法の確認

♪　多彩な入試方法

「夏休みが終わりましたね。みなさん、リフレッシュできましたか。さて、秋は入試シーズンの始まりで、大学にとっても正念場です。今日の教授会の一番のポイントは、入試方法の確認についてです」

教授会で入試方法を確認する段階では、実際は、昨年度の終わりに入試区分ごとに出願締め切り日、試験日、合格発表日、入学手続き締め切り日などを確定させてあるし、検定料も理事会で承認を得て、それらを入学試験の手引きとして印刷もかけてある。準備には入試委員会の教員が関わっているものの、細部に至るまでの確認はほぼ職員にお願いしたものである。職員なしに大学運営ができないことを痛感する。

「さて、入試と言いましたが、新たな先生も加わりましたので、間違った理解をしないためにも、本学が行っている入学試験の方法について確認していきましょう。先生がたが学外でどなたかに質問された時、正確に答えてもらわなければなりません。ミスや誤解は絶対に許されないものですから、気を引き締めていきますよ」

入試は大学にとって最も重要なものであり、高校訪問などをした際にも具体的な説明が求められるので、教職員全員が入試の具体的な方法をしっかり理解しておくことが必要になる。そのため、新たに今年から専任になった教員にも本学の入試制度を正確に知ってもらわなければならない。知らないうちに誤った情報を流してしまうことだけは避ける必要がある。だが、年々入試の方法が多様化しているのが実際で、中には秋からは毎月のように入試をしている大学もある。どれもこれも同じ入試方法であればいいのだが、選抜の型によって少しずつ異なっている。そのため誤解が生じやすい。だから怖い。

本学の入試は、総合型選抜、学校推薦型選抜という名の指定校入試、そして一般選抜の三種類、あわせて三回行っている。他の音楽大学と比べると実施回数が一番少ない。回数を増やせば入学する学生が増えるかもしれない。とはいえ、繰り返し行えば教職員の負担は格段に増すので、ただでさえ疲弊している職員にさらなる業務追加を指示することとなり、容易に複数回数の入試を導入できないのである。

♪ 自己推薦か学校推薦か

「まずは、秋に行われる総合型選抜と学校推薦型選抜についてご理解ください。指定校のリストもお配りします。これは部外秘ですから、取り扱いにはご注意ください」

総合型選抜は、言い換えれば自己推薦による入試である。したがって、受験生によっては複数の大学に総合型選抜で合格し、どちらかを選ぶということもありうる。つまり、合格を出しても、合格者が手続きをしないこともありうるということだ。この試験では、本学は音楽大学なので演奏の実技試験は当然ながら課している。さらに、入学後に授業についていけないと困る。多くの授業で共通言語のように出てくる音楽の理論的な用語などは知っていてほしい。だからそのための筆記試験はするが、総合型選抜の場合は大学が求める人材に自分はふさわしいということをアピールしてもらうための面接を最も重視している。やや長めの面接時間を取ることで、人柄や意欲を見る。十分程度の面接だと「貴校は」などとふだん使わない言葉を多用して覚えてきたことを披露するだけになってしまうが、三十分もかけると素の顔が出てくる。最初は緊張していた顔に笑顔が出てきたりする。総合型選抜を導入した最初の年に受験してきた高校生は、自分は緊張して筆記試験だと実力が発揮できないことが悩みだったが、今回このような総合型選抜が導入されたことを知り、「これだ！」と思って受験しにきました、と語っていたのが印象的である。本来は筆記試験で合否を決めるのであろうが、そのような試験では面接がないことが多い。面接なら自己アピールができるのに、と思っていた高校生には朗報だろう。実際、合格した後にはクラス全体を引っ張っていくようなリーダーシップに満ちた学生であったので、総合型選抜の意味は大きいと感じる。

一方、本学も全国に指定校をお願いしており、その学校の学校長から推薦を受けて入試を受ける場合が学校推薦型選抜、いわゆる指定校入試である。学校長の推薦書を添付して出願しているので、合格となった場合に辞退はできない。お互いの信義違反になってしまうからだ。だからこそ指定校はお得意様扱いをしなくてはならないので、試験科目の一部を減らすなどして優遇をしている。だが、悲しいことに学生を毎年送ってくれるとは限らない。今は売り手市場であり、学長以下みなが頭を下げて回ってようやくひとり確保できるという状況である。出したくても出す生徒がいないと言われたらそれまで。いずこも大変である。

そして二月に行っているのが、一般選抜である。いわゆるかつての入試であり、国語や英語、楽典という音楽の基礎理論などの学科の試験のほかに実技試験もあるが、面接は課していない。人柄より能力という感じである。

受験に際しては、ただ単に試験の日にちがいつか、早く決めたいというだけではなく、自分は何が得意かを見極めて試験方法を選ぶといいだろう。こうして多様な人材を確保すべく、大学は入試を工夫している。とはいえ、今の高校生は早く決めたがっている。決まれば後の高校生活はキラキラであろう。そのため、私立大学の入試の比重は総合型選抜に移行している。

♪ 入試問題の作成

「入試に向けて、今週末には、問題作成委員の先生に出題依頼を出します。受験生の能力を適切に把握できる問題をお願いします。もちろんホームページで公開していますので、ミスがあっては絶対にいけません。細心の注意を払って作成をお願いいたしますね」

入試制度の確認と並行して、入試問題を作成する。入試当日にミスがみつかるようなことはあってはならないが、受験生が勉強しやすいように一般公開しているので他の大学の教員も見ることができる。入試問題を見れば、その大学が学生にどのような能力を求めているのか、何を重視しているのかがわかるので、いい加減な問題は作れない。もちろん難易度が年によって変動するのは好ましくない。まずは科目ごとに問題作成委員を指名して作成をお願いし、出来上がった素案をお互いに解いて不備がないかを確かめる。何人もの目で確認しているのに、それでもミスが入試前日の最終確認で見つかったりする。

大学入試センターが行う大学入学共通テストも活用している。本学は小さな音楽大学であり、音楽の出題ができる教員は多数いる。しかし、英語と国語となると非常に限られてしまう。特定の教員に負担がかかるのは好ましくない。加えて、共通テストを課している国公立大学を志願する人に追加の負担をかけさせずに本学を受験してもらえる可能性も高まるというメリットもある。

ただ、本学として共通テストを導入するとなると、一月に実施されている共通テスト本番に試験監督を派遣しなければならないから、これも負担が大きい。とはいえ、少しでも能力の高い人にひとりでも多く志願してもらうには必要である。

♪　外部資金を獲得しよう

「みなさん、大学としては先生がたに研究費をたくさん出してあげたいのは山々ですが、それがなかなか難しいのが現状です。そこで、いつものことですが、外部資金の獲得をお願いします。どれだけ外部資金を獲得しているかは大学の評価にもつながっています。ぜひ科学研究費補助金の申請にもチャレンジしてください。申請の仕方や申請書の書き方がわからないなどがあれば、どのような疑問でも構いませんから私たちまでお尋ねください」

研究を行うにはお金がかかる。たとえば、データを集めようとどこかに出かけるための交通費、アンケート用紙を作るための印刷費、データ処理のためのアルバイト代などである。また、研究成果を発表するために学会に出かけるが、そこで発表するための参加費、開催場所への交通費と宿泊費、さらには学会の会費自体もばかにならない。もちろん本学は音楽大学であるから、教員にとっては演奏会が重要で、毎年開催したいと思っても、会場を借りたりプログラムを印刷したりするのに、当然ながら経費はかかる。

だが、大学には潤沢な予算などない。そのため、外部から研究費を獲得してくるしかないのである。その代表が科学研究費補助金で、一般的に科研と呼ばれている。この科研の研究費をどれだけ獲得したかが大学の評価のバロメーターにもなる。上位十大学ほどは、大学名、受理件数、交付総額などを表にしたものが新聞紙上に掲載される。だが、申請をしたからと言って必ずもらえるわけではない。まずは、より多くの教員に申請をしてもらうことが前提となる。

交付総額は、大学評価のひとつの判断材料になるであろう。

それでは、交付総額が多い大学が優れた大学なのであろうか。でも、それは自然科学の領域にあてはまることである。極端に言えば、自然科学一件を採択した金額で人文科学の研究十件分は賄える。莫大なお金をかけなくても研究ができるのが人文科学と、そして芸術の領域である。交付金額でリストアップされ、「金額が多いのが良い大学」などと言われてしまうと、本当に学問のことを知っているのかと大きな疑問が生まれる。

この科学研究費補助金を出している日本学術振興会のホームページを見ると、人文学、社会科学から自然科学までのすべての分野にわたり、基礎から応用までのあらゆる学術研究を格段に発展させることを目的とする競争的研究費が科学研究費であり、ピアレビューによる審査を経て、独創的・先駆的な研究に対する助成を行うものとされている。つまり、他の研究者との競争の上で自らの研究を具体化するために獲得するお金である。この原資はもちろん税金などであるから、その適正な使用、研究成果の報告は義務となる。ここでも研究者の厳格な研究倫理が求められることになる。

臨時教授会　ハラスメント発生！

♪　訴えられたら真摯に対応することが大事

「みなさん、今日は臨時の教授会です。お忙しい中を急にお集まりいただき、誠に申し訳ありません。実は困ったことが起こってしまいました。学生から、ある教員の行為がパワハラではないかとの訴えが一か月ほど前に大学にあったのです。今日はその事案についてこれまでの状況を説明し、あわせて法人が行った処分についてご報告いたします」

かつては問題にされないような対応であっても、今はハラスメントになってしまうものも多い。訴えられたら、すぐに対応しなければならない。対応が遅れてマスコミにでも嗅ぎつかれたら、お手上げ状態に陥ってしまう。だが、ネットで検索すると多様な事例が示されており、実際には非常に多くの大学教員がハラスメントで訴えられ、処分を下されていることがわかる。本学にとっても他人事ではない。

まずは訴えてきた学生から丁寧に情報を収集し、正式に訴えるかどうかの意思確認をする。正式に訴えた場合に辿る具体的な道筋なども話しておかないと、こうなるとは考えていなかったと言って途中で訴えを取り下げられたりもする。大学側は梯子をはずされたような形になり、逆にパワハラ疑いの教員から大学が人権侵害で訴えられる可能性すらある。

だから、いつ、どこで、どのようなことが起こったのか、どのような対応をされたのか、それに対してどのような印象を持ったのかなど、先入観なしで可能な限り客観的な情報を収集する。もちろん、本人が日頃からこまめに記録をつけておいてくれると重要な証拠物件になりうるのでありがたい。

♪　これがハラスメントになるのか

訴えられたハラスメントにどう対応するかで大学の見識が問われる。最初から毅然とした姿勢を貫くか、あるいは隠せるものなら隠し通そうとするか。もちろん後者はいずれあからさまになるので、得策ではないことは確かだ。だが、時間稼ぎをして責任をどこかに転嫁できないか、有耶無耶にできないか、訴えを取り下げさせることはできないかと考える大学があるのも現実であろう。

セクシャルハラスメント、いわゆるセクハラは言語道断である。これは案件としては明瞭であるので対応もわかりやすい。かつての研究室は中が見えないようなドアであったが、新しい建物であれば必ずスリットが入っていたりして中が見通せるようになっている。そうではない場合、女子学生が用事で来たら男性教員は可能な限り研究室のドアを開けて中の様子がわかるように配慮する。ただし悩み相談であったら周囲に聞こえてしまうので閉めざるを得ない。学生に勝手に泣かれ、そのまま目を赤くして廊下に出られたところを目撃されでもしたら、もうアウトである。もちろんこのような場合、女子学生の側がセクハラで訴えることはないが。

これに対して、大学で多く起こるパワーハラスメントやアカデミックハラスメントは非常に厄介である。パワハラ、アカハラは、加害者と被害者の人間関係や性格特徴、これまでの関係など多様な要因が関与するからである。そして、ハラスメントと判断されてしまうラインが年々下がっている。だから怖い。どの教員も、日頃のちょっとした言動が、一連の映像の中のひとコマだけ切り取られ、それを元に訴えられる可能性がある。

たとえば、威圧的な言動を学生にしたり、授業関連以外のことを頼んだり、論文指導などで無理難題を言ったりすれば、すぐにアカハラとされてしまう。ただ、威圧的といっても、言った側はそうは認識していないことが多い。授業以外のこととしてはコピーを頼むなどがあるが、ゼミの学生だからそれくらいはよいと考えがちである。論文作成において、この学生ならもっとできるはずだと考えて他の学生よりは高めの目標を設定し、多くの先行研究を読んでくるように指導したとしても、それは期待の延長にあるとも言える。だからそれがハラスメントだとされると、線引きが難しい。

ハラスメントの訴えがあった時、多くは教員が加害者で学生が被害者という位置づけになる。この時、被害者とされる学生を保護することは基本であるが、だからと言って即座に教員を加害者と断定することはできない。雇用した教員の立場や人権を守ることもまた同等に必要だからである。だから先入観を持たずに公正中立のヒアリングが大事になる。ヒアリングを受ける側もストレスであるが、ヒアリングする側もかなりのストレスである。何しろ、加害者が同僚の教員だからだ。

♪　最後は懲戒委員会で

学生から「教員によるハラスメントを受けた」と正式に訴えがあると、大学として、被害者側の学生、そして加害者側の教員から正式なヒアリングをする。そしてその結果、これはかなり濃いグレーもしくはブラックだという判断になれば、次は何らかの懲戒処分をすることになる。教員は、事務職員もそうだが、学校法人が雇用している。雇用した者の身分に関する処分になるので、ここからの懲戒委員会は法人主導になる。これがもし先輩と後輩というような学生同士のハラスメントであれば、法人ではなく大学主導で進んでいく。

懲戒というと、即刻クビになると思うかもしれない。だが、法人ごとにそれぞれ懲戒の規程を設けている。一般的には、戒告、譴責《けんせき》、減給、出勤停止、降格、諭旨解雇、懲戒解雇の七種類がある。もちろん、懲戒解雇が最も重い処分で、ハラスメントの内容などを勘案していずれかの懲戒が選択される。

♪ 教員への周知

「これからお話しするようなアカデミックハラスメントの訴えが、本学学生から正式に大学に寄せられました。このような訴えを大学は真摯に受け止め、ヒアリングを繰り返し、その結果、教員側に明らかな問題があると判断をしました。それを受けて、顧問弁護士も交えた懲戒委員会を立ち上げ、懲戒委員会として改めて両当事者にヒアリングをし、当該の教員に懲戒処分を下すことを決定しました。その詳細について、これからみなさんにご報告いたします」

懲戒は人権に関わることなので、慎重に慎重を期さなければならない案件である。懲戒委員会の委員長から、ことの経緯、訴えに対する大学としての対応、さらには法人としての対応が詳細に報告され、最終的な懲戒処分が発表される。

ほとんどの教員たちはハラスメントの訴えがあったことをここで初めて聞き、驚くと同時に、自分自身はそれと類似の言動をしていないかを振り返るだろう。そして、もしかしたら次に訴えられるのは自分ではないかと不安を抱くかもしれない。ただ、このような事案を聞いて不安を抱くような教員はハラスメントを起こさない。自分に置き換えず不安も感じないような教員ほどハラスメントを起こしやすいのが現実であろう。

たとえ今回は軽度の懲戒で、しかも初めてのことであったとしても、懲戒委員会という場に加害者側として呼び出されたことは事実である。同じような訴えが再び出てきたら、その際は今回よりも厳しい対応を取らざるを得なくなる。

「みなさん、本日は嫌な会議でした。時代は大きく変わっていますので、みなさんが学生だった頃にごく普通に受けたことと同じことをしても、今はハラスメントだととらえられてしまいます。規範がまったく変わったと考えていただき、本学で作成し学生にも配っている〝ハラスメント防止に向けて〟をご一読ください。そして、二度とこのような事案が本学で起こらないようにしていきたいです」

かつてはごく普通の言動であったものが、今はハラスメントだと言われる。正式に訴えられてしまうと、大学も手続きに則って対応しなければならない。今の学生たちは褒められて育ってきた。だから、自分は褒められたほうが伸びると信じている。世の中で自分のことを叱ってくれる人は誰だろう。親以外の人で叱ってくれる人がいたら、本来なら感謝しかないと思う。叱るのは、指摘したらもっと伸びるだろうという期待があるからだ。だから叱られたら感謝するくらいの気持ちでいてほしいし、叱られること自体を拒否しないでほしい。ただし、教員側は叱り方が大事だ。怒るというような感情的な対応になったり、だらだら叱り続けたりするのは逆効果である。

「ただし、学生と接する際にあまり萎縮する必要はありません。叱るときはしっかり叱ってやってください。それが教育ですから。重要なことは、互いに信頼できる関係を作ることと、どのように叱るかなのです。日頃から言動に気をつけながらも温かい指導を何卒よろしくお願いいたします」

第六回教授会　総合型選抜の入試判定

♪　今年度最初の入試判定会議

「本日は、昨日まで行われた総合型選抜の入試の判定会議のための教授会です。試験は何もトラブルなどはなく、無事に終わりました。ご担当いただきました教職員のみなさん、ありがとうございました。それでは判定をよろしくお願いします」

かつて大学入試といえば、一月から二月の私立大学、三月の国公立大学の入試しかなかった。今でいう一般選抜だけであった。ところが、AO入試という、陰では「青田買いのAO」と揶揄された入試が導入され、入試時期の前倒しがなされた。AOとは、アドミッションオフィスという入試担当部署の略称で、本来は詳細な書類審査と時間をかけた丁寧な面接などを組み合わせ、志願者の能力や適性、学修に対する意欲、さらには目的意識などを総合的に判定する入試とされる。これは自己推薦によって出願ができる。社交的ですぐに人と打ち解けて話すことができ、さらに緊張しない性格の人には、自分のことを笑顔で積極的にアピールすることにより合格につなげられる優れものである。だが今は、より早く進学先を決めたいという受験生の気持ちと、より早く新入生を確保したいという大学の思惑が一致してしまい、単なる入試時期の前倒しになってしまっている。

♪ 問題作成が大きな負担

試験の回数が増えれば、自ずと出題する問題もその回数分作らなければならない。通常の学内での定期試験の問題ならまだしも、入試問題となると手続きは非常に煩雑になる。ホームページで公開しているものもあるので、日本語も一言一句、外国語なら細かなスペルもきちんと、なおかつ複数の目で繰り返しチェックする。楽譜を載せた場合、ひとつひとつの音符、記号、クレシェンドの位置など、チェック項目は多岐にわたる。このような作業は神経を使い、授業の後の疲れた目には過酷なものである。それが試験ごとに毎回繰り返される。

大学の中には、英語や数学などの出題を業者に委託しているところもある。邪道だと一蹴することもできるが、出題する教員たちの負担を考えると、それもひとつの方法ではないかと最近はつくづく思う。

♪ 音楽大学特有の入試とは

一般大学の入試であれば、英語、国語、数学などの科目が受験生に課されており、数百人が収容できるような大教室で、ひとつかふたつずつ座席間隔をあけて座らせれば、一気に試験が実施できる。試験監督者も数人いればよい。かつて受験者数が多かった時代には、体育館に机を並べて受験させる大学もあったほどである。解答方法でマークシート方式を用いれば、採点もさほど時間がかからずに誤りがなく行える。なんと効率のいいことだろう。

では、音楽大学の入試に課される試験科目とは何だろうか。英語や国語などに加えて、楽典という音楽の基礎知識に関する科目がある。ここまでは大きな教室で受験させることもできる。もちろん、これだけではない。声楽、さらにはピアノ、弦管打楽器などの楽器では、課題曲をひとりずつ順番に演奏させ、それを聴き、採点しなければならない。声楽の試験で受験生に歌わせる場合、誰かスキルの高い人のピアノ伴奏をこちらでつけなければならない。カラオケの装置のように、歌うと得点が出るようなものがあればいいが、もちろんそのようなものはない。したがって、採点が公平になされるためには、数人の教員が試験委員にならざるを得ない。さらには、作曲などの場合、試験時間が数時間に及び、指定された条件を踏まえて自分が考えたメロディを楽譜にしていく。

このような実技試験ではさまざまな配慮が求められる。受験生が駅から歩いてきて、順番が回ってきたらそのまま試験室の前に行き、入室して演奏すると思うかもしれないが、実際は、試験前の声出し、音出しなどの準備が必要になる。声楽の場合、前もって声を出しておかないと出るはずの声も出てこない。管楽器なら、あらかじめ吹いて自分の息で楽器自体を温めておかなければ良い音が出ないのである。そのための部屋も用意しなければならない。

学内での学年末試験などであっても、インフルエンザなどにかかっては大変なので、学生たちはコロナ禍前から日常的にマスクをしている。歌は、自分のからだが楽器だからである。手が冷えてピアノが弾きにくくならないように、手袋をして通学をする。だから、冬の一般選抜などでは、ピアノの試験室の前にはからだではなく手を温めるヒーターを用意する周到さが大学には求められる。手が冷えたらうまく弾けなくなってしまう。なんとナイーブな音大生なのであろうか。

学内での実技試験が実施される頃、他の大学では見られない風景が広がる。かなりの数の女子学生がキャスター付きのバッグを引っ張って登校してくる。これからどこかに出かけるのかと思いきや、中には試験の際に着るドレスやヒールのある靴が入っていて、試験の前にそれに着替えるのだ。ただし、入試でドレスを着る人はいない。ドレスを着て演奏したい人は、音大に入るしかない。

　このような音楽大学の入試であるが、一日ですべて終わるのが理想である。だが、現実は難しい。たとえば、一日目はピアノの実技試験、二日目は声楽の実技試験、三日目は楽典などの学科の試験と面接、という具合に数日を要してしまう。そのため、遠くから本学まで入試にきてくださった受験生は、ホテルに数日間連泊をし、試験の前日には練習室を借りてピアノの最終練習、一日目の試験が終わったら同じく練習室を借りて今度は翌日に向けて声楽の練習をする。

　受験番号が近い場合、こうして三日間も試験会場で一緒に試験を受けていると、同じ受験生という境遇であるのに、さらには合格できるかどうかわからずお互いにライバルであるはずなのに、なぜか仲良くなってしまう。メールアドレスを交換したり、一緒に並んで大学を出て帰っていったりする。一般大学の受験生からすれば、ありえない状況であろう。

♪　入試は教職員全員が担当

「最後になりましたが、先日の総合型選抜の試験では先生がたばかりではなく、職員のみなさんにも大変ご協力をいただきました。ありがとうございました。改めてお礼を申し上げます。入試はまだこれからもありますが、ぜひともよろしくお願いいたします。本日はありがとうございました」

入試というのは、大学にとってきわめて大事なイベントである。四年間預かる学生たちを選抜するという重要なもので、大学全体で対応する必要がある。教員たちは問題を作り、採点をしたり、演奏を聴いて評価したりする。もちろん試験監督もやる。職員は、受験生の案内は誰がやるか、試験監督の補助に誰が入るかから始まり、試験当日の監督者たちのお弁当の手配、机の配置、受験番号の貼り付け、そして最後にすべてを撤収して後片づけまで行わなければ、翌日の通常授業に不便をきたしてしまう。入試は想定外のことが何も起こらず、淡々と進むものであってほしい。その裏側には、教員のみならず、目に見えにくい職員の働きがあることを、教員たちは忘れてはいけない。

第七回教授会　改めて研究倫理意識を徹底

♪　学会発表も業績のひとつ

「こんにちは。この時期は、あちらこちらで学会が開催されていたりしますね。そのため、先生がたはお忙しく、本日はギリギリで定足数を満たすことができました。本日もよろしくお願いします」

学会と聞くと、大学の教員や研究所の研究員らが大きなホールなどで難しそうな研究結果を図や写真が含まれたパワーポイントを使って発表し、それを聴衆が聞くという場面を想像するだろう。医学系の学会であれば、ホテルや国際会議場のコンベンションホールなどで数百人の聴衆を前に講演をする姿がテレビでも放映されたりする。多くの人が興味や関心を持つような現代的なトピックにまつわる発表は、このような発表スタイルが多い。

だが、学会で発表されるものには、注目を浴びやすい応用的な研究もあれば、基礎の基礎といった、地味だが必要とされる研究もある。文系の学会などでは、当然ながら応用的な研究は少ない。

　学会によって発表のスタイルはさまざまである。会員が何万人もいる大きなものから、数百人くらいしかいない小さな学会もある。さらに小さなものなら、学会ではなく研究会と称している。ふたりか三人の研究者の集まりなら、それは研究会ではなく、単なる飲み会になってしまうことは想像に難くない。でも、これが一番楽しい。

　小さな学会なら、出席した会員の前で口頭による発表がなされ、そこで続いて質疑応答がある。では、医学系のような、学会と小さな研究会のようなものとの中間的な規模の場合、どのように発表がなされているか。それがポスター発表である。畳一枚ほどのスペースが発表者に与えられ、その面に自分の研究成果をまとめた資料を貼り付ける。動画は使えないものの、場合によっては質問者と一対一の対面で自分の研究成果を伝えることができ、研究テーマが似ている者同士の関係も作れる。積極的にアピールをして、新たな人脈を形成する場にもなる。もちろん、自分自身が質問者になった場合を想定すると、著名な研究者とお近づきになることができ、些細な質問にも丁寧に答えてもらうことで、次の研究ステップへの示唆を得ることも可能である。

　だから、学会に行くことは研究を進めていく上で貴重な時間になる。加えて言えば、遠くの大学などに勤めているのでなかなか会えず、久しぶりに仲間と会えるのがこの学会である。夜は街に繰り出し、飲みながら近況を語り合い、刺激を受け、翌日からの活力を得られるのも学会出席の魅力である。

♪　研究者に求められる倫理

「さて、先日のマスコミ報道でみなさんもご存じでしょうが、研究倫理の違反が大きく扱われていましたね。今回は、改めて研究倫理について確認をしましょう。大半の先生がたはすでにご存じのことでしょうが、研究倫理違反は遠いところの出来事ではありません。みなさんのちょっとした気の緩みが大学にとって致命傷になったりしますから、改めて学び直してほしいのです。本学ではすでに研究倫理審査委員会を立ち上げていますが、概要について配布した資料をもとにお話ししますね」

研究倫理違反問題には、大きく分けて研究費の不正使用と研究方法の不正の二種類がある。その防止は繰り返し伝えているものの、なかなかなくならない。

研究費の不正使用は、架空の領収書を作成して、その代金を着服する場合などである。これを防ぐために研究費の会計を大学が管理し、その出納を大学が厳密にチェックする。大学から与えられる研究費ももちろんだが、科学研究費補助金をはじめとした外部資金については、より厳格に管理される。当然のことなのだが。

「本学には、研究倫理マニュアルがあるのはご存じですね。今お配りしているものです。これを丁寧に読んで、研究活動の中で倫理違反がないかどうか、みなさん自分自身を振り返ってください。意識的に違反するのはもちろん問題外ですが、知らず知らずのうちに違反してしまうこともあります。もし不安などがあれば、マニュアルを読んでいただくだけではなく、ネット上でeラーニングという方法により研修を行うこともできます。日本学術振興会が行っているものです。これを受けると、研修を受けた日付と先生がたのお名前が入った個別の修了証がもらえます。水戸黄門の印籠のように、私はきちんと研究倫理教育を受けましたよとアピールできます。ぜひチャレンジしてください」

一方、研究そのものの不正も大きな問題となっている。実際には集めずにデータを捏造したり、集めた中の不本意なデータを作為的に排除したり、さらには研究に協力してくれた人に過剰な負担をかけたり、集めた個人情報の保護をしなかったり、研究目的の真意は最後まで伝えずに騙したままにしたりするような場合を指す。いずれもアウトで、マスコミなどで大きく報道されてしまい、研究者生命が絶たれてしまいかねない。

このような不正がなぜ起こるのであろうか。その一因と思われるのが、研究業績を出すことへのプレッシャーであろう。多様な種類の業績があったとしても、論文の数は誰が見てもわかり、少ない場合には目立ってしまう。ましてやホームページ上で公開されているので学外の人も見られる。だから、一本でも多くの論文を書く必要に迫られるが、容易に書けるわけではない。また、実験などをした場合に常に理想的なデータが得られるとも限らない。五回行った実験のうち一回くらい予想した通りで結論につながる綺麗な結果になったら、まさに御の字であろう。でも、綺麗な結果が出なければなかなか論文にはなりにくい。とくに人を対象としていると、どうしても個人差が出てくる。ある程度の範囲内であれば平均値を取れば相殺される。が、あまりに大きく逸脱したデータがひとつあると、これさえなければ綺麗になるのにという思いが強くなりすぎて、そのデータだけを削除してしまう。やってはいけないことであるのは間違いない。このような研究倫理の徹底を求める研修会を実施することも、大学の義務となっている。

♪　研究倫理審査委員会に申請しよう

「先生がたの中で、研究を行っていく過程で学生や子どもなど人を対象とする場合はないでしょうか。もし、そのように何らかの形で人を対象とする、人に関わる研究をするのであれば、研究開始に先立って必ず研究倫理審査委員会に申請書を提出し、審議してもらい、お墨付きを得た後に研究を開始してください。ちょっと面倒だとか厳しいと思われるかもしれませんが、これも現代の科学研究の動きですので、それに合わせていきましょう。先生ご自身を守ることにもなりますよ」

人を対象とした研究とは、具体的にはどのような研究を言うのであろうか。たとえば、誰かにアンケート調査をする、子どもの行動を観察して記録するなども人を対象とした研究になる。医療系であれば薬の効果を調べるために新規化合物を人に投与したり、看護系であれば病を抱えている患者の病状と介護の方法との関係を調べたりすることなども、当然ながら人を対象とした研究になる。研究データを集める方法が実験にしろ、調査にしろ、観察にしろ、対象が人であることに変わりはない。

人には、誰しも人権がある。それが大人でも幼稚園児でも、さらには乳児であっても、だ。だから、過剰なほどの負荷がかかるような研究は好ましくない。可能な限り負担を減らす努力は必要であろう。また、さまざまな個人情報も配慮が必要な事柄である。研究していく中で、その個人情報に触れたり、場合によっては集めて集計したりするが、それが個人情報保護の観点から適正に管理されていることが求められている。

研究者が、「このような点について私はこうやって配慮します」と文書に表し、その申請書を委員会に提出すると、委員は厳密に審査して、科学的な研究として実施しても構わないかどうかを判断する。審査に合格すると、受理番号がついた審査結果報告書が手元に届けられる。これが研究を実行していく際のお墨付きとなる。

♪ 研究室は研究をするところ

この教授会を行っている大会議室がある建物と、教員たちの研究室がある建物は隣あわせで建っている。理系の大学や学部なら、研究室に隣接して複数の実験室があったりする。

教員の研究室を覗くと、そこの住人の個性が溢れている。日本語のみならず外国語の難しそうな本が書棚にびっしりと整然と並べられている研究室もあれば、ここはゴミ屋敷ではないかと疑いたくなるほど雑然としている研究室もある。解剖学の教員の部屋だったら骨や筋肉の人体模型、薬学部の教員の部屋には化学物質の分子模型や注射器があったりもするので、大学の個性も表れる。本学は音楽大学なので、小さなキーボードがあったり、アジアのどこかの国の楽器が置いてあったりすることもある。それらを見ると、入り口の教員の名前を確認しなくても、ここは何を専門とする教員の部屋かが容易にわかる。

研究室は、教員が研究活動のために使うだけではなく、ゼミなどの時間にも活用される。

そのため、自分が使う事務机と、数人が腰掛けて輪になって座れるようなテーブルと椅子があることが多い。ゼミの履修者が十人にもなれば小さめの教室で行わざるを得ないが、五、六人であれば、過年度の卒業論文や論文作成に関連する本などの資料が手近にある研究室のほうが格段に使いやすい。また、コーヒーやお茶なども湯沸かし器さえあれば自由に飲める。飲みながらの歓談も可能になる。卒業した学生に会うと、研究室で論文を読んだことより、教員とコーヒーを飲みながら雑談したことのほうがよく覚えているなどという。大学での教育にとって、研究室での歓談はなくてはならないものとしておこう。

大学によっては、教授には立派な応接セットや冷蔵庫などが備えられた大きな部屋を研究室として用意するのに、准教授の部屋は狭く事務机だけなどという極端な場合もある。教授には机の両側に引き出しがついた両袖机、准教授には片側にしかそれがない片袖机という暗黙の決まりがあったりする大学もある。そこで差をつける意味がわからないが、いずれ私も教授になるのだ、今が踏ん張り時だ、などと自分を鼓舞するためにはいいのかもしれない。このように教授と准教授の差が大きい大学も多いが、本学ではそのような相違はない。みんな一緒、である。

このような自分専用の部屋を誰もが持てるのが大学教員の一番良いところかもしれない。と言うのも、研究室に入ってしまえば、論文を読もうが、ネットサーフィンをしようが、はたまた居眠りをしようが誰にも邪魔されない。自分の世界に浸れる。教員の中には面白い人が出てくる。炊飯器を持ち込み、ランチにご飯を炊いて食べている。時々廊下に良い香りがする時があり、その時は炊き込みご飯だったりする。十七時を過ぎるとスルメを焼いている匂いが漂ってきたこともあった。研究室は、まさにマイワールドである。

♪　教職課程を認定されることが必要

「本学は教職課程を持っており、多くの学生が卒業と同時に中学校と高等学校の音楽の教員免許を取得していきます。そのうちの何人かですが、実際に教員となって中学や高等学校の先生を務めています。入学志願者を増やすためにも、この人数をもっと増やしたいのです。大学案内にも大きく書けますし、ホームページにだって載せることができるのです。が、その前提として、教職課程の運営面で指摘がなされないような対応はしておかなければなりません。本学は単科大学で音楽の教員免許を出していますが、先生がたがご担当のほとんどの科目は、実は教職科目として文部科学省に申請しています。私はピアノを専攻する学生の実技担当だから教職科目ではない、とはくれぐれも思わないでくださいね。安定した大学運営をしていくためには、やはり先生がたには着実に業績をあげていただくことしかないのです」

　大学を卒業すると学校の教員免許が取得できることが多い。だが、それも教職課程を履修して、単位をしっかり取り終えてのことである。教育学部などを除けば、自分が専攻する学科の科目を履修し、それに追加する形で教職の科目を履修しなければならないので、学生たちには負担である。この免許取得に必要な科目がかつてより増えており、親世代は簡単に取れるものと思いがちであるが、今の時代、実際は必ずしもそうではない。今求められている特別支援学校や社会福祉施設などでの介護等体験は、かつてはなかった。

　このように教員免許を与えるためには大学に教職課程を設けることが必要になるが、ここにも文部科学省の審査が入る。それが教職課程認定とされるもので、大学が申請をし、文部科学省の審査を受け、もしも認定されなければ、たとえ授業を履修しても免許を出すことができなくなってしまう。そしてこの審査が厳しくなってきている。大学が申請をすれば必ず通る、というものではない。

　審査される項目の中には、教員の配置がある。教育研究実施組織という名称が用いられているが、ある範囲の科目について教授が何人、その教授を含めて合計何人の教員が必要、と細かく規定されている。当然ながら求められている人数より少ないと、認定されない。

この審査の中で厄介なのは、ここでも教員の業績についてである。さらに言えば、活字業績である。教職課程の中のこの科目を担当する教員ですと申請をする際には、その科目と関連が深い研究業績がなければならない。たとえば、西洋音楽史の授業を担当するには、西洋音楽史に関する論文がないとだめだとされてしまう。音楽教育学の概論を講義するのであれば、音楽療法の論文ではなく、まさにこれぞ音楽教育というような研究内容でなければならないとされる。ということは、もし十種類の教職科目を担当しようとするのなら、十種類の内容の研究論文を発表することが求められる。しかも厳密に言えば、過去五年以内のもので、なおかつそれぞれが十ページ以上の論文である。

このような厳密な審査を否定はしない。大学という高等教育機関において講義をし、教員免許を与えるのであるのだから、それ相当の専門家であってほしい。だが、授業をするための論文稼ぎに偏りがちで、果たして本来の研究はできるのであろうか。その時間が確保できるのであろうか。

♪　歳を重ねて円熟味が増していく

「おめでたいことがあります。ご報告しますね。本学の名誉教授の先生が、このたび文化功労者として表彰されることになりました」

世の中、百歳時代に突入したかのようで、高齢の方々の活躍が目覚ましい。絵画や木工、陶芸などで表彰された人が九十代であることは日常茶飯事である。より速くたくさんの情報を処理するには流動性知能というものが必要だが、これら芸術面では熟練したスキルに関わる結晶性知能が必要になってくる。流動性知能は青年期くらいをピークとして徐々に衰えていくが、結晶性知能はそう簡単に年齢とともに衰退することはなく、むしろ高齢になっても向上していくという特徴がある。

では、音楽の世界はどうか。音楽も芸術のひとつであり、有名な演奏家は非常に高齢だったりする。指揮棒が振れたり、楽器が演奏できたり、ハリのある歌声が出るのなら、みな現役の演奏家として活躍している。多くのことがらを覚えて素早く処理するというのは、もしかしたら得意ではなくなっているかもしれないが、演奏であれば七十歳を越えたくらいなら、まだ若造なのであろう。

一方で、大学には定年がある。定年を迎える年齢は大学によって異なり、六十五歳、六十八歳、七十歳、果ては定年なしというところまであり、大学の歴史や置かれた状況によって実にさまざまである。定年が決まっていることで、教員の新陳代謝が可能になる。大学院を修了して博士の学位を取得した若い研究者たちが、不安定な非常勤講師ではなく、より安定した専任の身分を求めるのは当然のことで、定年を延ばしてしまうとその実現が遅くなる。教員も職員も、定年を迎えて退職金をいただいたら、新たな生活にチャレンジするのもいいのではないか。自分がいないと大学が回らなくなる、などと思っているのは本人だけだから。

では、そのバランスを考えた時に最も望ましい年齢はいくつか。これは誰にもわからないであろう。かつては、六十歳の定年までに健康を害して教壇に立てなくなった人を多く見た。だから定年を迎えて無事に最終講義をすることができるのはすごいことであった。でも、時代が変わり、今の時代、六十歳なんて高齢者には含まれない。年金もまだもらえない。そのような社会状況の中で、何歳を定年として設けるのが妥当なのだろうか。本学は六十八歳を定年として長らく運営してきた。それを再考する時期に来ているのかもしれない。ただ、安易に延ばすのではなく、若手の教職員も納得でき、世代交代もうまくでき、さらには大学の経営を圧迫しないようなやり方が必要だろう。

臨時教授会　学長候補者の選出方法を確認しよう

♪ 四年に一度の学長選挙

「みなさん、本日もお集まりいただきありがとうございます。本日は、次期学長選出の選挙に向けた臨時の教授会です。いつもは大会議室での開催ですが、今日は職員の方にも出席していただく必要がありましたので、大講義室で行うことにしました」

「本学の学長の任期は最長三期で、それぞれが四年です。私はその三期目の四年目になりました。したがって来年三月末に任期満了となります。そのため、理事長より次期学長を選出するように指示がありましたので、これから選出方法について確認をいたします」

学長とは、その大学を代表する人物であることは当然だろう。本学では学長と理事長は基本的に別に置いているが、学長が理事長をも兼務するとして総長という名前になっている大学もある。

その選出の仕方は、実は大学によってさまざまである。そのため、大半の教職員の意向とは違う人物が学長として内定され、鬱積した不満が爆発し、時折マスコミなどにも取り上げられたりする。

「学長選挙のやり方は、すでに本学の学長選挙規程で決められています。今回の選挙も、この規程に従って行っていきます」

「基本は立候補です。立候補できるのは、就任時、つまり来年の四月一日に七十歳以下であることが条件です。立候補は、今日の教授会が終了した翌日の明日より一週間、大学本部の学長室で受け付けます。その後、改めて臨時教授会を開催し、有権者のみなさんの前で立候補した方から今後のビジョンなどのお考えをお聞きし、その後に三十分程度を見込んでいますが、質疑応答を行います。それがすべて終了した後、専任のすべての教員、職員の方を有権者として投票を行います。投票が終わったことを確認し、その場で開票を行い、得票数が多かった候補者を次期学長候補として理事会に報告します」

「もし、最も多かった候補者の得票数が過半数に達しなかった場合には、再投票となります。どなたかが過半数の得票を得るまで、投票を繰り返すこととなっています。このような方法でお願いします。ぜひわれこそはと思われる方は立候補をして、本学の発展のためにご尽力いただけるとありがたいです。私が安心してお任せできるように、みなさん何卒よろしくお願いいたします」

学長選挙の方法は大学によって異なる。国立大学では、国立大学法人法に学長選考会議を設置し、その権限と責任によって学内外から選考して決めることが明記されている。しかし私立大学の場合、法令上の規程はなく、すべての教員による選挙で最多の得票を得た者にする、理事や教員で構成した学長選考委員会が選考する、理事会が選考するなどの方法がある。本学でも選考方法についてこれまでに何回も議論がなされ、規程の改正がなされてきた。学長は大学に勤務しているすべての教職員を代表する存在なのだから、投票権が教員だけというのは不適切であろう、職員も同じように投票させるべきだという声が出てきて、今のような専任の教職員全員が有権者となる方式に落ち着いた。とりわけ現代は教職協働ということが求められている。大学は、教員だけが頑張っても機能せず、教員と職員が同じ目標に向かって力をあわせて大学運営を遂行していくことが重要とされており、教員だけではなくすべての職員にも選挙権を与えている本学は先進的な方法と自負している。

もちろん、今用いている本学の選出方法がベストとは言えない。立候補者がふたりか三人という少数かつ複数で、得票が同数となれば再投票になる。もし、立候補者がいなかったり、ひとりだけであったりしたらどうするか、逆に乱立したらどうするか。上位ふたりで決戦の再投票をして投票結果がまったく同じ得票数であったら、何回繰り返すのか、過半数をどうやって得るのか。年齢しか規定していないので、本学関係者以外でも立候補は形の上では可能で、他の音楽大学の教員や音楽関係の企業の人が立候補をしてくるかもしれない。他の音楽大学でやってきたことをそのまま本学に持ち込んでも反発を買うだけだろう。企業の価値判断は大学の運営に新たな風を吹かせるかもしれないが、理事長ならともかく学長としてうまく機能するとは考えにくい。どのような人が立候補できるかをさらに詳細に詰めて、規程の中に盛り込むことが必要かもしれない。だが小さな大学なので、学内者に限っていてはいずれ限界が来るかもしれない。

さらには、やりたい人が立候補するが、やりたいだけの人にはやってほしくなく、むしろやりたくないと思っている人にやってほしいというわれわれの本心は、どうしたら解決できるのか。また、大学によっては、職員も巻き込んで大学が二分するように主流派と反主流派とが対立し、選挙が終わった後もその影響が長く続いたということも聞く。だから、可能なら三人以上の候補者が立ち、一回の投票でだれかが過半数を得ることがその後のスムーズな大学運営には望ましいのだが、ことはそう簡単ではない。予測がつかないのが学長選挙である。

これからの一か月、それぞれの立候補者は、授業や会議はこれまで同様に淡々とこなしながら、本選挙でどのようなビジョンを訴えるかを検討し、わかりやすいパワーポイントの資料を作ることが急務になる。加えて、多数派工作もするであろう。人脈、人徳、人望が問われる一か月である。

♪ 教員は見られる商売である

「最後に、最近経験したことをひとつお話しします。先日、本を探しに書店に行きましたら、見ず知らずの人から声をかけられました。私の名前を言うのです。なんで知っているのだろうと思ったら、その若い方は音楽が趣味だそうで、たまたまその前日、本学のホームページを見たとのことです。たったそれだけですが、私の顔を覚えていたのですね。お会いした時にはふだん着であったのに、よくわかったなと思います。ということで、たとえ学外であっても、休日であっても、私たちは常に誰かに見られていると思ってくださいね。嫌ですが、それは避けられないことです。いつ、どこで見られてもいいようにしていてください。では、学長選挙に向けてよろしくお願いします」

教員は常に見られている。学内であれば、学生や職員から一挙手一投足が見られている。大学のホームページには、顔写真も学歴も業績もすべて掲載されている。個人情報保護なんてどこ吹く風、といった感じである。そのため、学外を歩いていても、顔を覚えられていて、見ず知らずの人から声をかけられたりする。声をかけてくれる人は良い人である。声をかけず、ただ見ているだけの人のほうが実際は多いのではないだろうか。私たちは、毎日鏡を見て外見を整えて出勤してくる。後ろ姿を確認している人はまずいないだろう。だが、周囲の人たちは、むしろ後ろ姿を見ている。後ろ姿を見ただけで、あれは○○先生だ、△△部長だとすぐにわかるはずだ。その姿を見て、人はいろいろ思う。考える。推測する。私自身も含めて、自信を持って後ろ姿を見てもらえるようにしたいものだ。

第八回教授会　学校推薦型選抜の合否を決める

「こんばんは。本日は、昨日まで行われました学校推薦型選抜の合否判定を行う教授会です。では、始めましょう」

♪　学校推薦型の入試

入試の方法のひとつに学校推薦型選抜がある。これは、文字通り学校長の推薦書を持って受験してくる場合で、本学の指定校になっている高校の校長が自信を持って推薦してくれる生徒たちである。どのような教育を高校でしているかもある程度はわかるので、本学としても安心して迎えられる。その高校生たちの試験が、学校推薦型選抜という名前の入試である。

指定校ではない学校の高校生が受験してくる一般選抜と差別化を図っておくことが必要なので、学校推薦型選抜では実技試験は行うものの、一部の学科試験は免除する。そのかわりに面接を取り入れ、入学後に本学でやっていけそうかどうか、本学で学ぶ意欲はどれくらいあるかなどを見ている。

最初に本学を志望する理由はなんですかと聞くと、十人中十人というくらいの割合で、「貴校は」とくる。「きこう」と聞いて、最初は「気候」か「貴公」か、はたまた「奇行」か、と思ってしまう。「こちらの大学では」とか、本学の名称を言えばいいのではないかと思うが、そのような指導を高校ではしているのであろう。仕方がないので、覚えてきたことをすべて言わせてあげよう。せっかく面接指導で覚えてきたのだから。

指定校であり、そこの学校長の推薦があるのだから、基本的には落とすことはしにくい。すべての試験科目を受けてくれて、面接でも普通にコミュニケーションが取れれば、まずは合格。校長の推薦があるということは、本学に合格したら他の大学に行くことは許されない。本学に入学することを高校の校長が保証したのだから当然であろう。大学としては、指定校の合格者は確実な数として入学者数にカウントできるので、本当にありがたい存在である。もしも可能なら、ひとつの高校からひとりと言わず、もっとたくさん送ってほしい。これが本音である。

♪　指定校にお礼参り

「今年の学校推薦型選抜に受験生を送ってくださった高校に、みなさんで手分けしてお礼のご挨拶に伺いましょう。昨年、一昨年と続けて送ってきてくださっている高校には、在校生の学修状況などの資料もお渡ししますから、進路指導の先生や音楽担当の先生に学生の近況をお話ししてあげてください。もちろん、来年も送ってくださるようにお願いもしてきてください。訪問していただく高校については、早急に調整しますので、二週間ほどお待ちください。交通費などは大学が負担しますからね」

指定校にしても、毎年必ず生徒を送ってくれるわけではない。そのような中、生徒たちに本学の受験を勧め、そして合格してくれた。その彼らが来年の四月から本学の学生になることが決まったのである。お互いにウィン－ウィンの結果といえるだろう。その関係をさらに強くするには、可能な範囲で顔を出すことである。送り出す側と受ける側が互いに顔を合わせることで、信頼も強まると思われる。しかも、鉄は熱いうちに打てとばかりに、指定校が送り出してくれた生徒の合否がわかって一か月ほどのうちに伺えば、より強固な関係になるであろう。

大学はこうして指定した高校には訪問をしている。何回か訪問するうちにお互いに顔見知りになり、時には高校の先生たちから相談を受けることも出てくる。進路指導の悩み、実技指導の不安などである。明確な答えを言うのは難しいとしても、そのような悩みや不安を抱えている先生がたに寄り添い、しっかり話を聴く姿勢が大事である。同僚の先生には話しにくいものであっても、なじみの大学の先生になら言えることもある。そして信頼関係が醸成されれば、訪問したことの意味は大きい。

♪　悩み深き学生たち

「さて今日は、最近の学生状況についてみなさんにもご理解いただきたいと思いますので、少しお時間を頂戴いたします」

小学校や中学校などにもスクールカウンセラーがいる。子どもたちも悩んでいる。その対応として、専門的な知識やスキルのあるカウンセラーは必要な存在であろう。アイデンティティの確立が求められる青年期にある大学生たちは、自分というもの自体、その存在のあり方、社会の中での自分の位置と役割、家族との関係など悩みが尽きない。自分ひとりで解決ができるのであればよいが、誰かに聴いてもらう、アドバイスをもらうなども必要であろう。それが家族であったり、友人であったりすることが多い。が、家族や友人には言いにくいこともある。その時に、誰に相談するか。

「みなさんの研究室にも、学生たちが相談に訪れているのではないですか。その多くは、勉強のことだったり、進路のことだったりすると思います。勉強することは学生の本分ですから、理解できないとか、ついていけない場合には不安になるでしょう。丁寧に答えてあげてください。さらには大学の四年間は実際にはあっという間に終わりますから、どうやって社会に出ていくのか、自分は何をするのが合っているのか、どのような職に就けばいいか、それに向けてどのような就職活動をしていけばいいのかなど、多くの疑問や不安を抱えています。私たちが学生だった頃と比較すると、今は非常に情報が多いのですが、ありすぎて自分にとって有益な情報に辿り着けないのかもしれません。そのような学生の支援もぜひお願いします」

学生は迷える子羊のようである。高校生の頃は大学生になること自体に憧れを抱いていたかもしれない。だが、大学生になった今、なかなか将来の自分の姿が見通せない。学生に五年後、あるいは十年後、どこで何をしていたいかを問いかけると、なかなか答えが出てこないのが現状である。夢を語りたくても語れないのだろうか。混沌とした世の中を見続けて、自分の将来というものの存在にすら疑念を持ってしまうのかもしれない。それらは大人の責任ともいえるだろう。

最近は大学を定年退職する教員たちが最終講義というものをしなくなってきた。時が来ると、静かに去っていくという感じである。かつては、年度末になると、総合大学などでは毎週のように最終講義が開かれ、盛大なパーティーもして見送っていた。その最終講義での題目の中には、「私が歩んできた道」などがあった。教員自身が高校生の頃、何を考え、なぜその大学のその学部に進学したか、そこで何を学び、何を考えたか、などを語っていた。そして大学院に進んでからどのような研究をし、成果をあげたか。大学に勤めるようになって、どのようなことを心がけ、授業をし、研究も行ってきたのかなどを聞く中で、大学生たちはこれからの自らの人生を思い描いていた。そのような話を聞く機会が減ったのか、あるいは聞いたとしても、それを自分自身に置き換えることをしなくなったのだろうか。

「保健センターからの報告によれば、ここ数年、カウンセリングの希望者が非常に増えているとのことで、カウンセラーひとりではまかないきれないほどです。相談内容の多くは、自分自身のこと、友人などとの人間関係、家族のことなどです。込み入った相談になることも多く、場合によっては単なるカウンセリングではなく医療的な支援が必要なケースもあるのが現実です」

多くの大学で、教員がオフィスアワーを設けている。何曜日の何時から何時までは研究室にいますよ、という情報を学生たちに周知する。授業のことであっても、心の悩みであっても、アポなしで訪れていい。このような時間を設けることが求められている。だが、中には誰もいないところで相談したい、誰かに聞かれるのは嫌だなどということもあるので、教員は大学にいる時間は、常に相談オッケーですよというスタンスでいることが求められている。かつての大学とは大違いである。

「なお、学生たちのこのような心の悩みは保健センターだけでなく、先生がたの研究室やレッスン室で聴くことも多いと思います。ぜひ、学生に寄り添って聴いてあげてほしいです。日頃の様子を知ってくれている先生のほうが、学生は相談しやすいかもしれません。相談に来たら助言をお願いします。ただ、非常に重たい悩みの場合は、無理せず、保健センターに行くようにアドバイスしてください。レッスンしている学生だからと安易に引きずると、先生がたのメンタルに支障をきたしかねませんからね。複雑な悩みなどは、専門のカウンセラーにお任せしましょう」

本学には、学生の悩み相談を受ける場として、学業については学務課、就職関連では学生課がそれぞれ対応し、メンタル面に関しては保健センターにおいてカウンセラーと看護師が常駐して対応している。近年は保健センターにおけるカウンセリングの予約が満杯の状況で、緊急のものでなければ一週間待ちというありさまである。本来であれば、深刻な相談がほとんどなくて暇な部署であってほしい。

相談の内容は、当然ながら守秘義務が生じる。聴いた教員は、やたらと誰かに話してはいけない。カウンセラーも、同じである。だが、学生を指導していく上では共有しておいたほうがいい情報もある。共有する人物を少なくする必要はあるが、守秘義務があるからといってすべてを包み隠していることもできない。どれを共有するか、どれは共有しないかの判断力が聴いた者には必要である。

♪　発達障がいの学生が増えている

「入試の面接をしていて気づくこともあるでしょうし、相談に来る学生の中にも、何らかの発達障がいが疑われるケースや、本人がすでに発達障がいだと診断を受けている場合がありますね。学修の支援も今は大きな課題ですから、学務などとも相談しながら合理的な配慮をしてあげてください」

発達障がいと聞くと、過剰なほど落ち着かない子どもや、協調性がなく独自の世界にいる子を思い浮かべるかもしれない。このような発達障がいには的確な治療方法が今のところない。だから、本人はそれとうまく付き合っていくしかない。その付き合い方を一緒に考えたり、大学側が工夫できるものは何かを考えたりするなどの支援が必要とされる。

具体的には、注意欠如・多動症（注意欠陥・多動性障害）や自閉スペクトラム症（自閉スペクトラム障害）、限局性学習症（学習障害）などで、それぞれＡＤＨＤ、ＡＳＤ、ＳＬＤという略語のほうがなじみ深いかもしれない。また、発達障がいを文字で表記する時、「発達障害」ではなく「発達障がい」のほうが今は好まれる。周囲に害を与える存在ではないということからだ。

大学生くらいになれば、たとえ注意欠如・多動症であっても授業中に立ち歩くなどはほぼない。その代わり、忘れ物が多いなど不注意の特徴が強く出てくる。自閉スペクトラム症の場合、グループ学習などで他の学生と一緒に作業することが難しかったり、相手の立場を考えずに発言してひんしゅくを買ってしまったりする。が、ひんしゅくを買っていることすら感じない。限局性学習症では、プリントに従って視覚的に提示されている授業ならいいのだが、教員が口頭で話したことが理解できず、何回も繰り返し聞き直して注意されてしまう。いずれもやろうとして意図的にやっている行為ではない。が、気持ちに余裕がないと、教員も怒りのような言動で接してしまいかねない。まずは個々の学生の特徴をしっかり把握し、その学生にあった対応を心がけることであろう。

合理的配慮という言葉がある。これは、障がいのある学生がそれ以外の学生と同じように教育を受けられるように、障がいの特性に応じて大学が可能な配慮をしようという意味である。これを確実に実践するには、学生がどのような障がいを持っており、何が不得意であるか、どのような支援や配慮を必要としているかを、大学だけではなく個々の教員が的確に把握していることが前提となる。教員と職員の密なコミュニケーションと情報の共有がここでも求められている。

臨時教授会　次期学長の選出

♪　立候補者に選挙演説をしてもらおう

「では、大講義室での臨時教授会を開催いたします。本日の臨時教授会は学長選挙の本選挙ですから、教員のみなさんに加えて、職員の方も有権者として来られています。一部の職員の方は業務の合間に交代で来ていただくことになっています。そのため途中で出入りがありますが、ご承知おきください」

若手の事務職員は、やや緊張の面持ちである。というのも、教授会などに出たことはもちろんなく、教職員が一堂に会したこのような場は不慣れであるからだ。だから気の合う職員同士が並んで座って、様子を窺っている。

「先日、次期学長の選出方法について、みなさんのご了承を得て立候補を受け付けました。その結果、三人の方が立候補をしてくださいました。今日は、その三人の方から、今後の大学運営の方針などについてお考えをお聞きし、最後にまとめて三十分程度の質疑応答の時間を設けたいと思います」

今回立候補した三人は、なぜ立候補に至ったのだろうか。もちろん本人の強い意志であろう。が、もしかしたら、周囲から強く説得されて、手を挙げたのかもしれない。あるいは、今回は当選するとは考えておらず、次回の布石として立候補した可能性もゼロではない。各候補のさまざまな思惑が渦巻いている。

「では、三人の先生がたは壇上にお上がりください。これからビジョンなどについて五十音順でお話ししていただきます。おひとり二十分以内でお願いします」

立候補者は、自らのビジョンについてパワーポイントを使いながら丁寧に説明していく。四年の任期でできることは限られているが、本学が抱えている課題を挙げ、それへの具体的な対処方針を示す。今は、学生を獲得して定員を安定して充足していくこと、教職員の働き方改革を実行すること、将来に向けた大学のキャンパスをいかに構築するかということが大きな課題であろう。選挙公約のようなものであるから、あまり大風呂敷を広げることも、非現実的な夢を語ることもできない。現在学長を務めていて再選を狙うなら、実績を語ることもできようが、今回の選挙はそうはいかない。まさにビジョンが問われ、リーダーシップを発揮できそうかどうかが判断される。

その具体的なビジョンを聞き、有権者たちは考える。大学の今後を考えると誰がふさわしいか、誰が最適かと。

♪　いよいよ本選挙

「予定の時間になりましたので、これで質疑応答を終わりにします。では、これから本選挙に移ります。有権者の方々にはこれから投票用紙をお渡ししますので、候補者一名のお名前をお書きいただき、前にある投票箱に投票してください」

立候補者が三人ということは、一回の投票で過半数を満たすことができない可能性もある。そうなった場合に備えて、再投票用の投票用紙も準備しておくことが必要だ。さまざまな状況を想定し、それへの準備をしてくれるのが職員たちである。

「これで投票を終わりにしますが、よろしいでしょうか。まだ投票していない人はいませんね。では、これで投票を締め切ります。これからこの場で開票を行います」

有権者である教職員の前で投票箱が開けられた。立候補をしなかった副学長と図書館長と事務局長の三人が、一枚一枚投票用紙を確認しながらそこに書かれた名前を読み上げ、ホワイトボードに正の字で記入し、開票が進んでいく。進むにつれて状況が見えてくる。下馬評では最有力であった候補者が伸び悩み、まさに大穴と目されていた教員の得票が積み重なっていく。候補者たちは目を閉じている。これから迎えるであろう次期学長内定者としての挨拶を考えているのだろうか。

開票が終わる。ホワイトボードに書かれた正の字を見れば、次期学長候補が誰かはすぐにわかる。過半数が得られたので、再投票に至らずに済んだ。現学長から次期学長内定者の名前が正式に紹介され、全員で拍手をする。この人が学長に決まってよかったと思う人もいれば、なんでこの人なのかといぶかしがる人も当然ながらいる。だが、選挙である。この人にこれからの四年を託すのである。そしてその内定候補者が緊張の面持ちで短い挨拶をする。

「みなさん、本日はありがとうございました。無事に次期学長を内定することができました。正式には、評議員会、理事会を通して決定となります。最終的に決定しましたら、学内に公示します。それまでは学外などでお話しにならないようにお願いします。大学をめぐる状況はますます厳しくなりますが、新学長をみなさんで盛り立て、これからの難しい時代を突破していってほしいです。よろしくお願いします。では、本日の臨時教授会はこれで終わりにします。職員のみなさんもありがとうございました」

学校教育法第九十二条第三項には、「学長は、校務をつかさどり、所属職員を統督する。」と書かれている。本学のような小規模の単科大学であっても、学長は超多忙である。文部科学省や日本学術振興会といった機関から送付されてくる文書に目を通し、本学に関連する事項があれば、それへの対応を指示する。近隣の大学、さらには音楽大学同士の情報交換などの場にも出席する。学内で起こった出来事は、些細なものは除くものの、ほぼ報告があがってくる。それを適切に処理し迅速に対処することが必要で、気の抜ける時がない。教授会でも、教員たちからは不満をぶつけられ、対応に苦慮することもしばしばである。「辞めてやるー」と思うが、それもできず……。学長という役職、なんと孤独なことか。

〈冬〉

第九回教授会　卒業予定者を決める

♪　運命の卒業判定

「みなさん、少し遅くなりましたが、明けましておめでとうございます。今年もよろしくお願いいいたします。一月の教授会です。今日は卒業判定をお願いします。参考資料としてGPAの数値も併記してありますから、よくご覧になってください」

本学では、百二十四単位を修得することが卒業の条件となる。さらに、このうち教養科目、外国語科目、必修科目、選択科目のそれぞれについて何単位以上という条件がある。そのすべての条件を満たさないと本学を卒業させることはできない。この卒業ができるかどうかを決めるのが、今日の卒業判定の会議である。さらに、必要とされる教職科目をすべて取り終えれば、卒業と同時に中学校や高等学校の教員免許も取得できる。それらの確認をしていく。

だが、中には単位不足でこの三月に卒業ができず、留年となる学生も出てくる。卒業に必要な単位は取り終えても、教職に必要な科目を取り損ねて免許がおりなかったりする学生も少なからずいる。そのような場合、教員免許取得をあきらめるか、あるいは科目等履修生という制度を使って不足している単位を取得して、来年、免許状取得を目指すかの判断が求められるので、学務課の職員のサポートが不可欠である。

「今回も、わずか二単位が不足していることで卒業できなかった学生が出てきました。たかが二単位ですが、規程を無視することはできません。厳しいですが、今日の判定結果を学生に周知します。なお、留年になる学生ですが、後期の二単位だけですから、前期は休学し、後期に必要な科目を履修するように指導していきます。それによって支払う学費がほぼ半減しますから、必ず卒業していってほしいです。そのサポートをお願いします」

通年の科目を落としていたり、多くの単位が不足したりしている場合には、翌年度はこれまで通り一年間しっかりと通学して学んでもらう。だが、不足単位が少なく、前期だけで残りを取り終えられるような場合は、九月に卒業させることができる。あるいは今回のように後期だけの履修科目の単位不足であれば、前期は休学対応にすると学費が減るので経済的にゆとりもできる。たとえ半年あるいは一年遅れたとしても、卒業してもらいたい。卒業させることが、その学生を入学させた大学の責務でもある。

♪　ＧＰＡ

ＧＰＡはGrade Point Averageの略で、評定の平均値と訳される。大学在学中にどのような学びをしてきたかを、ひとつの数値で表すものである。今は大学が発行する成績証明書にもこの数値が記載されており、就職試験でも会社側が採用の判断基準のひとつとして使うことができる。

では、どのように算出されるのか。本学では、授業評価は、Ｓ、Ａ、Ｂ、Ｃ、そしてＤ、欠席、失格で評価している。ＳからＣまでが合格で、Ｄと欠席と失格が不合格である。Ｄは試験を受けたものの出来が悪くて合格には程遠い場合、欠席は出席回数を満たしているものの試験当日に欠席して受験しなかった場合、失格は授業への出席回数自体が少なくて試験を受ける条件を満たさない場合である。

学生向けの履修マニュアルには、四分の一以上欠席すると試験を受けられないと書いてある。だが、学生はこれを深読みする。「四分の一ということは、全部で十五回の授業だから三回は休んでも大丈夫だ」と、あたかも権利があるように解釈する。だが、そのようなことはどこにも書かれていない。そのような意味ではない。まずはすべての授業に出ることが前提なのである。だから、成績評価に出席点を加えることを文部科学省は認めていない。ただ、出席した努力を認めてあげたい気持ちもあるので、授業への関与度などと称して勘案している教員もいる。

合格のうち、評定がSはポイント四点、Aは三点、Bは二点、Cは一点、それ以外は0点とする。Sが何科目あったか、Aが何科目であったかなどで、獲得したポイントの合計点を出す。大学によってはSの代わりにAAとしていたり、そのような評価自体を設けていないところもある。一方で、履修登録したすべての科目の単位を修得した学生も多いが、いくつかの科目で不合格のDを取ったり、試験の日に寝坊して受けられなかったり、途中から授業に出なくなったりする学生もいる。ただ、四月の時点では履修する意思があったはずで、履修登録をしたすべての科目の単位数の合計点も出す。二種類の合計点が出てくるが、このうちの評価の合計点を履修登録科目の単位数合計点で割って出てくる値がGPAとなる。私の学生時代にはなかった数値だ。もし昔もあったら、私など一点台だったに違いない。

たかがひとつの数値であるのだが、これを見ると、その学生が四年間、どのような学びをしていたのかが推測できる。たとえば、ＧＰＡが三点を超える場合、履修したほとんどの科目の成績がＡで、Ｓもかなりの数あるはずだ。学生の中には、Ｓが大半を占めて三点台後半という超超優秀者もいる。それは評価が超甘だという指摘もあろうが、ここでは不問にしておく。三点ほどであれば、ほぼみんなＡであろう。

だが、二点を大きく下回ってくると、状況は一変する。ほとんどがＣで、Ｄもかなりあり、なおかつ途中で履修を放棄した科目が多いという特徴がある。となると、学習能力ではなく、それよりも学習への意欲が十分ではないことがうかがわれる。ＧＰＡの数値が低い学生には積極的に教員が個別面談をするなどして、問題点を明らかにし、卒業に向けて指導をしていくことがより必要となる。

♪　統合型リゾートではないＩＲ

「大学にはさまざまなデータが集約、蓄積されてきています。オープンキャンパスに来てくださった方のアンケート結果もありますし、実際の入試で出願してくださった方の出身地などのデータも蓄積されています。そのようなデータがそれぞれ別の部署で管理されていたのがこれまでです。そこで、すべてのデータを一元管理し、より有効活用していくことを目指して、次年度にＩＲセンターを設けます。ただ、職員の数も限られているので、センターとはいっても当面は専任職員一名体制でのスタートです。このセンターを十分機能させていくためには先生がたのご協力を頂かないといけませんので、よろしくお願いします」

ＩＲとは、Institutional Research の略称であるが、簡潔な訳語がないのが現状である。直訳すれば機関研究となってしまう。間違っても統合型リゾートを大学がやろうとしているのではない。学生や保護者などに対して行ったアンケート調査の結果や、入試の出願者の居住地や出身高校などのさまざまな特性、休学や退学に至った理由など、膨大な情報が大学には蓄積されている。これまでは、部署ごとに保管しているだけで共有されておらず、さらにそれらがほぼ活用されていなかった。それを改めて集計し直したり、再分析するなどし、そこから導き出された結果をもとに、学内での意思決定に活かしたり、新たな活動を立案、実行、そして検証する。そのための部署や委員会を設置することが求められている。そこで、他の大学と比べると遅くなったものの、本学でもＩＲセンターを立ち上げようと考えた。

まずは、教員や職員にＩＲセンターの位置づけや目的を理解してもらうことから始める。

今、なぜこのようなセンターが必要なのか、どうやって情報を共有していくのか、情報収集のイニシアティブはどこが担うのかなどを理解してもらわないと、機能させることは難しい。集約ができても、それを適切に分析し直し、大学運営に活かせるような形で法人にフィードバックできるだけの知識とスキルがある者がいなければならない。作ったはいいが、それを休眠状態にすることはできない。

♪　教員という職はストレスフル

「みなさん、本日の教授会もストレスフルでしたね。ご自身が指導している学生が卒業要件を満たすことができなかった場合、来年どのような指導をするかで悩まれることと思います。私たちは生きている限りストレスから逃れることはできません。言い換えれば、ストレスを感じるということは、生きているということにもなります。悲しいですがね。そのようなストレスですが、うまく付き合っていくしかないです。日頃はどうやってストレスの解消をしていますか。いくつかの方法を持っていてくださいね」

ストレスをどうしたら防げるのか。まずは、教員が抱えているストレスの度合いを把握することが肝要だろう。ただし、あまりにも個人的なものである。どこまで大学が介入すればよいのかも迷う。

本学には五十人以上の教職員が勤務しているので、年に一回ストレスチェックをすることが法令で義務となっている。民間企業がパソコンでストレスチェックができるようなパッケージを販売もしているので、それを使えば効果的で、本学もそれを活用している。やることで義務も果たせる。だが、大切なのは、そこで見つかった高ストレスの教職員にどう対処するかであろう。ストレスは職場だけで起こるものではなく、家庭のこと、家族のことなども大きな原因になる。ただ、職場でのストレスは可能な限り軽減させることが必要である。

まずは教職員ひとりひとりが、ストレスへの耐性、すなわちレジリエンスを高めることに尽きるだろう。多少のストレスを感じても、それに打ち勝つだけの精神的な柔軟性。職場でのストレスを家庭に持ち込まないように、通勤の途中である程度は解消できる力。日頃溜まったストレスを、時には気心の知れた友人たちと歓談することで、ヒートダウンできるだけの心のゆとり。そのようなものは、教職員だけではなく、これから社会の中で揉まれていく学生たちにも求められる資質と考えられる。

第十回教授会　次期の役職者の決定

♪　副学長らを決めて発表

「こんばんは。寒くなりましたがお変わりありませんか。本日もよろしくお願いします。これから第十回の教授会を始めます」

大学には、学長のほかに副学長がふたり、学科長がひとり、それに図書館長がいる。これが本学の学校運営の主要メンバーで、大学の今後の動きを決めていく存在になる。その体制を固めることは学長にとってきわめて重要なものである。学長が自らのビジョンを実行、実現していこうとすると、それをサポートしてくれる信頼に足る腹心が必要である。まさにそれが副学長らの役職者である。

「すでに次期の学長が内定していますが、副学長、図書館長ら次期の役職者も決めていただきましたので、ご報告します」

大学によっては、比較的若手の教員を学長特別補佐などという肩書きに就かせて、次に担ってほしい役職への準備をしているところもある。大きな規模の大学であれば当然ながら教員の数も多く、誰が役職にふさわしいかの判断が難しいので、いろいろな役職に就いてもらいながら、その教員の個性や能力、資質などを見極めておくことが必要になる。

ただ、教員の採用は当然のごとく業績である。論文の数や内容、学位の有無などで人物評価をしており、大学の管理能力の有無については見ていない。だから、役職者を決めようとした時、だれがこの能力を有しているのかがわからない。そうならないためにも、各種の委員会で委員長や副委員長を務めてもらい、その時の働きぶりから判断することになる。

教員たちの中には、役職に就きたい人と就きたくない人がいる。役職に就くと、ほんの少し、気持ちばかりの手当がつく。気持ちも伝わりにくいほどの金額である。会議や打ち合わせが増えて実際に働く時間が増大するし、その職にいることで感じるストレスを考えるとまったく見合わない金額だろう。とは言うものの、世の中のすべてがお金で解決できるわけではない。一方で、役職は履歴書に書ける。名刺にも書くことができる。それなりに他者からは評価される。それ以上に、自分自身が大学運営に関わっているという自負心も生まれる。これらのことを踏まえて、さてあなたは、大学で役職に就きたいと思うだろうか。

♪ 図書館長は大事なポジション

国立大学では、法律で附属図書館というものを置くことが決まっている。私立大学でも、附属図書館という名称ではなくメディアセンターなどと合体して総合情報センターなどと呼んでいるところもあるが、必ず置かれている施設である。図書館は大学キャンパスの中でほぼ中心的な場所にあることが多い。それは、大学が行っている教育と研究の中核になる組織だからである。また、役職者としては、多くの大学において副学長に次ぐ要職とされており、大学にとっては重要なポジションである。大学の顔にもなりうる存在だ。だから、図書館長に就きたい教員は多いだろう。

図書館は何をするところであろうか。冷暖房完備で静寂となると、ゆっくり昼寝を楽しむところという学生の本心も聞こえてくる。しかし、レポートに出された課題を調べ、授業の中で出てきたことのわからない点を明らかにしたりするのが学生たちの本来の図書館の使い方である。教員は、というと、もちろん研究活動をしていく中で多様な書物に接する必要がある。

だが、近年は、さまざまなデータベースというものが作られており、それは自宅からでもアクセス可能であるので、資料収集を目的に図書館に来ることが減っている。そのため学術雑誌などの逐次刊行物を紙媒体で定期購読するのではなく、データベースとして購入することも多い。便利であるものの、非常に高額になり図書館予算を圧迫している一因ともなっている。その多くは外国のものであり、円相場が影響してきてしまうのだ。

だが、図書館には別の役割もある。貴重な資料を収集し、それを学術研究に活かすことで、本学の図書館では、日本人のみではあるものの過去の著名な作曲家の自筆譜をいくつか所蔵している。それを使ってその作曲家の研究をしている教員もいる。自筆譜を見ると、もちろん手書きであるので、その人らしさが筆跡からもわかる。何回か手直しをしている履歴も見えてくる。なぜ最終的にその音やフレーズに落ち着いたのか。見ているだけで、その作曲家の考えていることを少しだけ感じることができる。このような研究に活かすためにも、貴重資料を収集することには意味がある。そして、その貴重資料を保管するだけではなく、デジタル化し、アーカイブとして学内外に公開することで、音楽文化の発展に寄与できる。図書館は大学の研究の基礎を形作る機関であり、それを統括する図書館長の職責には大きなものがある。

♪　認証評価の時期が近づいてきた

「さて、みなさん。四年後に、本学は認証評価というものを受けなければなりません。認証評価では本学のすべてを調べ、適切な運営がなされているかどうかを評価、判断されます。そして、適合とされることが求められるものなのです。ちょうど次期学長の一期目の最後の年にあたります。新たに大学の教員になられた先生たちには、この認証評価がどのようなものか、まだご存じない方もいらっしゃるでしょう。今日は、次期の体制も決まりましたから、その新体制のもとで受ける認証評価についてみなさんで再確認し、それまでに何をしなければならないかを考え、できるものから始めるなどしていきたいです。極端な言い方をすれば、大学の命運がかかっています」

認証評価について、文部科学省のホームページには、次のように書かれている。

認証評価制度は、「学校教育法に基づいて、国公私全ての大学、短期大学、高等専門学校に対して、七年以内に一回、文部科学大臣の認証を受けた評価機関による第三者評価を受けることを義務付けるものである」と。

したがって、私立の小規模大学である本学も認証評価機関から適合であると認証してもらわないと、大学運営が困難になってしまう。七年ごとというのは、大学からすると短い間隔である。前回指摘された事項があれば、それを改善しなければならない。新たに規程を設けたり、具体的な活動として実際に行って記録を残したり、さまざまな対応が必要であるからだ。

この認証評価は大学の教育研究活動等の総合的な状況を評価することが目的で、具体的には、法人組織、教員組織、事務組織、教育課程、施設および設備、情報公開、財務などが評価される。たとえば、教員組織には、法令に定められた数の教授、准教授らが在籍しているか、年齢構成はバランスが取れて適切であるかなどである。教育課程は、目的に即したカリキュラムが用意され、それに従って実際的な教育がなされているかなどが審査項目となる。これらについて、認証評価機関に属する委員が書類上だけではなく実地視察も行い、総合的に評価している。学生の声を知るためにインタビューもなされる。こうして第三者である委員たちが本学の実態を調べ、把握し、基準と照らし合わせて、適合か、それとも不適合かが判断される。ここでの評価はピアレビューという方法をとる。委員は、他の大学の教員や理事たちであり、いわば同業者であるが、だからと言って甘い評価になるわけではない。

なお、不適合と判断されると、文部科学省の補助金の一部を申請できなくなるものの、その大学の存在が否定されるわけではない。問題点が指摘されたので、それを積極的に改善する努力をすればいい。一度不適合とされた大学の多くは、その次の認証評価で適合になっている。

♪　自己点検評価委員会は必須

「このような認証評価は第三者評価で、外部質保証ともいいます。これに対して、大学が独自に自己点検評価委員会などを通して行うものが内部質保証です。適合という評価をしてもらうためにも、これから先は少し頻繁に自己点検評価委員会を開催しますので、みなさんご協力ください」

自己点検評価は、すべての大学が自らの行っている教育研究活動について振り返り、現状を的確に把握し、その中で優れている点や改善が必要な点などについて自己評価をするもので、平成三年から大学設置基準において努力義務化、さらに平成十一年から義務化され、平成十六年からは学校教育法に規定されている。それを行うのがこの委員会である。

内部質保証は、大学が自らの使命や目的を実現していくため、教育、研究、組織、設備、それらの運用などについて、継続的に点検と評価を行って質を保証していくことで、その活動の結果を証拠となるエビデンスを基にさらなる改善と向上を図っていくことが求められている。その検証を行っていくのがこの自己点検評価委員会の務めとなる。

♪ 三つのポリシーを確認しよう

大学は、学生を入学させ、カリキュラムに則って教育を施し、一定水準に達することができたら卒業させるという責務を負っている。このように、入り口、中身、出口がどうなっているかが問われており、明文化することが必要になっている。

「先生がた、本学にも三つのポリシーがありますね。次年度の大学案内にも、もちろんホームページにも掲載して公表するものです。印刷に間に合うように、それを今の時期に確認しておきたいのです。わかりやすいほうがいいでしょうから、文言の修正が必要かどうかをよく見てください」

私たちも、それぞれポリシーを持って生きているのではないだろうか。自分が大事にしていること、強く拠り所としているものなどであろう。だが、欧米ではこのポリシーという言葉、個人の信念というより、組織の方針や指針という意味のほうが一般的である。大学でもそのようなポリシーを作成し、公表することが求められている。

三つのポリシーとは、入り口のアドミッション・ポリシー、中身のカリキュラム・ポリシー、そして出口のディプロマ・ポリシーであり、これらを策定し、公表しなければならない。

アドミッション・ポリシーは、入学者受け入れの方針である。今、学校で身につける学びを学力の三要素として定義しており、それが知識・技能、思考力・判断力・表現力等の能力、そして主体性を持って多様な人々と協働して学ぶ態度である。この三つの要素を踏まえて、本学に入学するまでにどのような能力を身につけてきた学生を求めているかを明らかにした方針である。要するに、うちの大学ではこういう人に来てほしいと考えていますという文言である。

カリキュラム・ポリシーは、教育課程の編成と実施の方針とされるもので、どのようなカリキュラムで、どのような方法で教育をしていくかである。具体的には、入学したばかりの学生たちにどのような教育を課していくかという初年次教育をどうするか、教養教育はどのように行うのか、メインとなる専門教育はどのようなプロセスで学びを深めていくか、卒業後を見据えたキャリア教育として何を行うのかなど、多面的に検討し、それを明示する。

そしてディプロマ・ポリシーは、学位授与の方針、いわば卒業の要件である。つまり、どのような能力を身につけることを求めるか、学位を得るには何ができることが必要かで、アドミッション・ポリシー、カリキュラム・ポリシーと相互に関連づけ、体系的な教育をすることが大学には求められている。

第十一回教授会　一般選抜の入試判定

♪　一般選抜の合否の判定

「こんにちは。本日は、先日行われた一般選抜における合否の判定を主とした教授会です。入試ではミスは許されませんので、細心の注意を払って進行していきます。よろしくお願いいたします」

さて、どの型の入試であっても、入試問題の作成、採点が必要になる。私立大学でも、一部の科目で大学入学共通テストを使ったりもしている。小規模な単科大学であれば、出題する教員の数が十分ではなく、入試に適した問題、高校の学習指導要領に準じた問題を作成するのが困難である。そのため、一部の入試科目だけ大学入試センターが行う大学入学共通テストに委ねて、そこでの得点を用いる大学が多い。

次年度以降に受験する高校生たちのために、入試問題の一部を公表している。そうなると、大学入試に関連した企業やマスコミが問題を解いてみて、時には不備などを指摘してくる。正解が複数あったり、逆に正解がなかったりするような問題があってはならない。そのため、問題と解答例の確認を繰り返し複数の目ですることになる。

さらに、採点ミスで時間がたってから繰り上げ合格者が出るなどの事態はあってはならないので、ここでも複数人での繰り返しの確認作業が求められる。入試は、確認、確認、確認の連続作業である。

合否の判定でも同じく確認作業が何回もなされる。結果が印刷された集計用紙を、教員全員で見て、おかしなところはないか、間違いはないかなどを確認する。そして、最終的な合否の判定を下す。

ところで、みなさんは入試の合否をどのように知ったであろうか。私と同年代の方は、掲示板に貼り出された紙に記載された合格者の番号の中に自分の番号があるかと目を皿のようにして探したに違いない。だが、今はそのような光景はほとんど見られない。パソコンでパスワードと受験番号を入力すると、入試の結果がぱっと出てくる合否照会システムが使われている。これも緊張の一瞬ではあるが、数多くの番号の中から自分の番号を見つけた時の喜び、あれを感じられないのは寂しい気もする。

「判定、ありがとうございました。これまでに行われた総合型選抜、学校推薦型選抜の合格者数に今日の一般選抜の合格者数を加えると、昨年よりも若干多くなっています。だから安泰ではないですが、もし、他大学などに抜ける人が同じくらいに収まれば、今年は定員を確保できるはずです。それに、在学生の専攻とその人数も考えると、新入生を合わせてどうにかオーケストラを編成できるだけの数になりましたので、まずはよかったです。ひと安心ですね」

なお、大学入学共通テストを合否判定の資料として活用するとなると、その共通テストの実施に本学も関わらなければならない。でも、小規模大学が単独で実施はできないので、規模の大きな大学での実施の一部を担うのが一般的である。

共通テストは、受験する側は二日間緊張の連続である。自分の人生がかかっているからである。だが一方で、試験の監督をする側もまた緊張が続く。静音な試験会場を作り、全国一斉の試験を無事にこなすため、厚さ一センチほどにもなる詳細なマニュアルがひとりひとりに渡され、そこに記載されてあるその時刻に、決められた言葉を発する。全国あちらこちらの試験会場で、監督者は異なるものの、まったく同じ時刻にまったく同じ言葉が発せられている状況は、宇宙から見たら壮観な情景が展開されているといえまいか。

例年この試験が終わると、監督者のミスで試験時間が三十秒不足したので再テストになった、監督者が試験室で居眠りをした、監督者が試験室内を歩く時の靴音がうるさかったなどに加えて、受験生が不正行為を行ったことが報道される。監督者の問題は、疲れはあったとしても、注意不足、緊張の緩み、配慮のなさである。一方で、不正行為はあってはいけないものだが、やってしまった受験生を責めるだけではなく、やらせてしまった監督者の責任もまたあるのではないだろうか。不正行為を見つけるためにではなく、それを行わせないために、受験に際しての注意事項について明確な説明をし、試験室を隅から隅まで満べんなく歩いたり、不自然な動きに目を光らせたりするのが監督者の役割だと考えるからだ。

♪　編入や復学を希望する学生

「編入希望者が二名ありました。他大学の二年に在籍している学生と、短期大学を今年卒業見込みの方です。いずれもすでに修得できている科目の単位を本学で認定できそうなので、ここに二年間在籍することで卒業はできるものと思い、受験を許可しました。それを踏まえて、先日の一般選抜と同時期に、別途、編入のための試験を実施しました。その結果について、合否判定をお願いします」

大学には、編入という制度がある。毎年数人ではあるが、この制度を使って本学に入ってきてくれている。うまく卒業してくれると、彼らの最終学歴は本学になる。

編入とは、他の四年制の大学に通っていてそこで二年生を終えようとする学生、あるいは四年制の大学をすでに卒業したか卒業見込みの人、短期大学を卒業したか卒業見込みの人などが対象となる。必ずしも最初の一年生から学ばなければいけないのではない。大学に入って学ぶうちに興味や関心が変わったり、短期大学で学んだ後にさらに学びたいという気持ちが高まったりするなどが背景にあるだろう。そのため、最初から本学で学んでいる学生よりも意欲的であったりするので、在学生にも刺激となり、編入してくる学生には大いに期待できる。

大学で学ぶと、成績証明書というものを発行してくれる。在学中にどのような科目を修得したか、それが何単位のものか、成績はどうであったかの一覧表である。あのGPAも記載されている。だが、大学によって科目名が異なっていることは多い。そこで、すでに履修済みの科目が本学ではどの科目に相当するかをシラバスなども参考にしながら見極め、十分対応する科目だと判断ができれば、それを本学で修得したものと認定してあげる。そうすると、本学以外のところで学んで得た単位を互換し、あと二年学べば、本学を卒業することが可能になる。その道を用意してあげることは、単に学生数の確保というより、若い世代の夢の実現のサポートができるという喜びでもある。

「今日は、復学の申請も一名出ています。昨年度末、進路について改めて考えたいという理由で退学した学生です。先日、面接も済ませました。これについても審議をよろしくお願いします」

大学を何らかの理由で退学することがある。経済的な理由や、進路について再考したいなどが多い。でも、退学してから一年以内に、やはり大学に戻りたいと考えた場合、復学という手続きになる。もともと本学で学んでいたのだから、再び学び始めることに対して環境が整ったか、学ぶ意欲は高まっているかなどが面接で確認できれば、復学も可能だろう。たとえ退学したとしても、こうして復学して戻ってきてくれることはうれしい。

的なものは四月に改めてお配りします」

♪ シラバスの作成

「来年度の授業の時間割の案ができましたので、本日みなさんにお配りします。ご自身の授業時間、教室などをご確認ください。もし、抜けている科目、不都合な教室などがあった場合は、会議が終わりしだい、至急、学務にお知らせください。再度調整します。最終的なものは四月に改めてお配りします」

時間割の作成は至難の業である。学生の誰もが必修科目がきちんと履修でき、履修者数に見合った教室が確保でき、それらが重複せず、さらには可能な限り教員の出勤が週三日に収まるようにするという条件も満たさなければならない。狭いキャンパスではあるものの、十分間の休み時間に端から端まで教室移動をさせるのも階段の混雑緩和から避けたい。授業準備もあるだろうから、教員の教室移動は極力ないようにしてあげたい。また、教員の中には、ここの教室じゃなきゃダメと好き勝手なことを言う輩もいる。時間割作成の担当者は、それらをうまくさばきながら授業の時間と教室を割り当てていく。まさに神業である。

「さて、こうして来年度の時間割もできましたので、次にみなさんにはシラバスの作成をお願いします。シラバスの書き方はご存じでしょうから、割愛してもよろしいですね。学務課が作ったマニュアルを見ながら、○○が説明できる、○○が理解できる、というような学生の側に立った表現になるように注意して書いてください。他にも注意しなければならないことがたくさんありますから、初めての先生だけではなく慣れている先生も含めて、マニュアルで繰り返し確認してください。今月末が締め切り日です。遅れないようにしてください」

シラバスは、学生と教員との契約書のようなものである。学生はこのシラバスを見て履修する科目を決めることになる。この授業では何が目標となるのか、履修するとどのようなことが可能になるのか、どのような内容を学ぶのか、どのような授業方法を用いるのか、評価はどのように行うのか、試験はあるのか、履修に際して留意することはあるかなどを詳細に記載してあり、ここから大きく逸脱するようなことがあってはいけない。契約不履行となってしまうからだ。教員側が伝えたいこと、学生側が聞いておきたいことはすべて網羅して書かれていないといけない。

だが、大学の授業を思い出してみてほしい。ある時、授業内容に関連するものの話が横道に入ってしまい、それから教員の体験談が始まり、世の中で起こっていることへの言及などになり、当初の予定とは大きく離れてしまって授業時間が終わりになったことはないだろうか。学生の質問から、本題とは違う方向に話が進み、それなりに最後はまとまった授業もあったのではないだろうか。学生は、本来の内容よりも、そのような逸脱した内容の方をよく覚えており、教員の話に感銘を受けて人生での選択をしていったりする。とは言うものの、この回はこのような逸話を話します、この回では話が大きく脱線します、などとシラバスに書くことはできない。書きたくても書けない。学生との相互関係の中で作られるのが本来の授業だからである。でも、これは本音であっても、大きな声では言えない。毎回必ず内容が異なる十五回の授業のシラバスを書くことが教員の義務だからである。ということは、シラバスは建前の十五回にならざるをえない。当初の予定を書いたものでず、と主張してしまえばいいのかもしれない。学生からクレームが出ない限りは。シラバスを作ること、そこに情報を提示することは大事である。これを否定するつもりは毛頭ない。だが、本当の授業とは何なのかと考えてしまう。授業は、生き物なのではないだろうか。

♪　AIが進化しすぎて……

「今日は、最後に先生がたにお考えいただきたいものがあります。人工知能、あのAIが進化し、こちらが質問を投げかけると、答えてくれるものが出てきましたね。かなりの精度です。学生たちはこの方面の情報は速いでしょうから、年度末のレポート試験で使う可能性もあります。もちろん卒業論文や修士論文でも、その可能性はありますね。どこまでを許すか、許さないか。まずは先生がたにお考えいただき、大学の方針として公表したいと考えています」

「私の場合、入学式と卒業式の挨拶をどうするか、何を言おうか迷い、原稿の作成に非常に多くの時間が毎年かかっています。それがChat GPTというものを使うと即座に作ってくれるというので、私もさっそくやってみましたよ。そうしたら、すぐにもっともらしい挨拶文を作ってくれました。まさに驚きですね。これで私の仕事が楽になると喜んだのですが、でも、読んでみると、なんだかそっけない、気持ちがこもっていない、記憶に残らないようなものでした。少なくとも今は、やはり自分の頭で考えたもののほうがいいようなので、今度の卒業式の挨拶も頑張って自分で考えて作ります」

Chat GPTという代物が大活躍している。生成ＡＩという分野である。二〇二二年十一月にリリースされたもので、賢い。このような科学技術の進歩はめざましい。その技術から生まれたものとわれわれがどのように付き合っていくか、関わっていくかについて共通事項を決めようとする前に、さらに技術は進歩してしまう。それについていかなければならない。教育現場への新たな脅威ともなりうるのがこの生成ＡＩであろう。使い方しだいで、薬にも、毒にもなってしまう。

懸念されるのは、論理性のある文章を書く力が損なわれるのではないかということ、他者の文章を意図せず使ってしまいかねないこと、結果として著作権というものに鈍感になってしまうのではないかということなどがある。パソコンだけではなく、スマホでも使えるようになったので、いつでも、どこでも、簡単に利用できてしまう。自分で考えて作成した文章なのか、はたまた生成ＡＩの賜物なのか、判別は容易にできない。でも、新しい科学技術を頭から拒否するのではなく、どうすればうまく活用できるか、それを考える力が逆に人に求められてしまっているのが現状であろうか。

かつては文章を書く際には、当然ながら紙と鉛筆が必要であった。それが、パソコンが普及し、さまざまな文章作成ソフトが生まれ、キーボードを叩くことで文章が作れるようになった。非常に便利になったし、乱筆な人には救世主のようなものであっただろう。論文を執筆していても、紙であったら書き直しをするしかなかったが、簡単に文章の入れ替えもできる。場合によっては、最後になって一括変換で言葉を差し替えることだって容易である。ただ、本人以外が書いてもわからないという問題はあったので、提出されたレポートを読んで、あれっ、これは本当にあの子が書いたのかな、と考えてしまうものが出ていたのも事実である。

だがパソコンの登場によって、格段に漢字が書けなくなった。私の反省点でもある。読めるが、書けない。そのため、「檸檬」のような難しい漢字でなくても自分では書けず、スマホで確認したりするようになってしまった。表現がおかしなところがあると、赤い波線で、ここが変だよと教えてくれたりもする。便利、この上ないものである。

だが、まだこの段階では文章を作るのは人の作業であった。それらを、生成ＡＩに委ねようというのである。漢字が書けなくなった日本人は、論理的な文章も作れなくなってしまうのではないか。そんな危惧すら抱いてしまう。文章を読むと、その人らしさが伝わってくる。用いている言葉を見て、その人の知性を感じたりする。それができなくなる。ＣＧで作った写真をお見合い写真に使うような感じがしてしまうのだ。

大阪大学社会技術共創センターは、生成ＡＩの問題点として、間違いも生成してしまうこと、生成した根拠がわからないこと、学習していない情報には対応できないこと、同じ質問でも生成したものが同じとは限らないこと、まだ日本語は得意ではないこと、ＡＩが生成したかどうかすら不明であること、倫理的に問題を含むことがありうることを挙げている。要するに、生成ＡＩの情報は必ずしも正確かつ適切なものではないので、その情報の活用が好ましいかどうか判断できるだけの資質を備えなさい、ということになるであろう。だが、あまりにも急激に進歩するので、それについていくのがきわめて困難になっている。そのことが一番の問題であろう。

「今日は一般選抜の合否判定をしていただきありがとうございました。これで来年度入学する新入生の最大数が決まりました。国立大学に合格したり、地元の大学に進学したりするなどの理由でこれから辞退する人が少しは出てくるでしょうが、定員を割らないことを祈るだけです。みんなで祈りましょうね。では、これで第十一回の教授会を終わりにしましょう。ありがとうございました」

学長・新任教員懇談会

「みなさん、お忙しいところをお集まりいただき、ありがとうございます。例年この時期に行っている学長・新任教員懇談会です。本学に赴任なさって約一年が経ちました。この大学のすごい点、変なところ、改善してほしいことなどが見えてきたのではないでしょうか。みなさんのそのようなフレッシュな考え、あるいは不満などをお聞きし、大学運営に少しでも活かしていきたいと思いますので、忌憚のないご意見を頂戴したいと考えています」

本学の場合、毎年ひとりから三人くらいの教員が入れ替わっている。世代交代を考え、定年退職した人がいた場合はできるだけ若い教員を補充するように考えている。そうなると、三十代後半から四十代くらいの教員が新たなメンバーとして加わる。その新任教員たちが本学で一年近くを過ごしてきたわけで、赴任前に抱いていたこととの矛盾、前任校があればそことの相違、本学への不満などがあるに違いない。採用して一年もたたずに学長に不満など言うことはできないだろうから、こちらから積極的に聞く場を設けようというのがこの会の趣旨である。

もちろん前任校が絶対ではないので、基本は本学のやり方に合わせてもらうのだが、長年同じメンバーでやってくると、世間一般とずれてきても気づかない。そのずれが年々増幅してしまいかねない。それを防ぎ、新たなやり方を模索する上でも、新任の教員の考えを聞くことには意味があるだろう。中には給与が減ったなどと言う者もいるが、採用条件は本学の規程に合わせるとしか書いておらず、単に本学の規程に従っただけである。納得してもらうしかない。

だが、運営の仕方などは、ひと工夫すればさらに働き方改革になるようなアイデアも寄せられる。これは貴重である。省けるものがあっても、本学にずっといるとそれに気がつかない。このような提案は重要。小規模大学だからこそ、こうして軌道修正を図りながら運営していくことが必要であろう

卒業式

♪ やはり演奏会のような卒業式

本学では、毎年三月十日に卒業式を行っている。卒業式も、入学式の時と同じく、オーケストラの演奏で始まる。だが、入学式とは学生たちの様子が違う。演奏の音が鳴っても静かにならない。ステージ上で演奏している後輩たちに手を振ってみたり、ステージをバ

ックに自撮りしたり、あるいは友人と話すのを優先させてしまったりするからである。でも、このような状況は織り込み済みである。卒業生の声がしていようがいまいが、演奏は予定の時間通りに進行する。今日も保護者や関係者が多くお越しいただいており、ホールは満席に近い。

そして、開式の言葉に続き、卒業式、つまり学位記授与式が始まる。メインは、卒業する学生の名前の読み上げである。もちろんここでも名前にふりがなをつけたものを拡大し、それを読み間違いなく、そして抜けがないように飛ばさずに読むことが副学長の仕事となる。卒業生たちは、男性も女性もみな晴れ着をまとっており、互いの姿を見つめながらなので、名前を呼ばれて立ち上がる時の表情は、入学式の時と同じ緊張とはやや異なり、若干のはにかみも感じられる。

そして学長からの、苦労して毎年考えて原稿を作るあの式辞である。私にとっても、卒業式で式辞を述べるのもこれで最後である。もちろん生成ＡＩの助けは得ていない。

♪　学長の式辞

「卒業生のみなさん、ご卒業、おめでとうございます。そして保護者のみなさま、関係者のみなさま、本日は誠におめでとうございます」

いつも通りの最初の言葉から始まる式辞。目の前の卒業生たちが本学に入学してきた四年前と比べ、社会情勢も、大学をめぐる状況も大きく変貌した。入学してきた時の夢に溢れた顔つきが、これから社会に出ていく不安と期待が交錯した顔つきに変わった。成長したという一言で表してしまうのでは十分でないだろう。卒業していくこの学生たちに満足のいく教育を施すことができたであろうか、彼らの今後の人生に何らかの形でプラスになるようなきっかけを与えることはできたであろうか。学生たちの顔を見ながら自問自答する。

大学生としての四年間は長いようで短い。とはいえ、彼らの人生の中で最も輝いている時期であったはずだ。これから社会に出て、さまざまなつらいこと、悲しいことに出会うだろう。その時、必ずと言っていいほど思い出すのは、ここでの四年間の生活であり、友人との思い出であるに違いない。その満足できる経験があるからこそ、つらい社会人生活も乗り越えられる。教員との出会いがあったからこそ、新たな選択肢も生まれる。そのすべてをサポートするのが大学であり、学長の責任ではなかろうか。われわれはその務めを確実に果たせただろうか。

そして締めくくりは、もちろんオーケストラの演奏である。演奏に始まった入学式から、こうして演奏で終わる卒業式まで、学生たちは音楽に包まれてきた。その経験を社会で活かしていってほしい。自分の人生に彩りを与えてほしい。周りの人を支えていってほしい。そう願うばかりである。

第十二回教授会　今年度最後の教授会

♪　まずは進級判定から

「今年度最後の教授会になりました。定刻ですので、始めますよ。本日は、最初に進級判定をいたします」

進級判定というのは、学生たちが一年から二年、二年から三年、そして三年から四年へと上の学年で学ばせられるかどうかを見極めることである。必修科目の単位が取れずに累積してしまうと、進級はさせにくい。この日の教授会に向けて、学務課の職員たちはひとりずつ成績を確認し、必修で落としたものはないかを確認し、それらに不備があった学生をリストアップしていく。落としてしまい、もし翌年に再履修しようとしても、次の学年の必修科目の時間と重なっていることが多々ある。履修すべき科目の中には、ある授業科目の単位を修得していないと次の段階の授業が履修できない、というような制限を設けている科目もある。徐々にスキルアップしていく実技の科目などが該当する。卒業する直前になって、あなたは二年生の時の必修科目の単位が取れていないので卒業できませんよ、と言われても困るであろう。それなら早めに注意喚起をし、学びへの姿勢を改めてもらうことが必要になる。あのGPAが低い学生が、ここで引っかかってくることが多い。

「今回も、数人の学生が進級を果たすことができませんでした。該当する学生には、学務から学生本人に加えて保護者にも連絡をします。学業が十分なされていない原因がどこにあったのか、レッスン担当の先生がたは学生と一緒に考えてあげてください。改善すべきところがあれば、指摘してあげてほしいです」

♪　最後の挨拶を

「では、今年度で定年を迎える先生をご紹介します。前にお越しいただき、ご挨拶を頂戴したいと思います。よろしくお願いいたします」

定年を迎える教員は、これまでの大学生活を振り返り、思いの丈を語る。この大学に勤めるようになったきっかけ、さまざまな学生とのエピソード、それらを語る教員を見ていると、やはりその教員の人間性が感じられる。聞いている側も、その先生にまつわるエピソードを思い出しながらである。来年度、この教授会に出てきても、あの先生たちはもういない。残る側は、世代交代を肌で感じるのではないだろうか。そして、いずれ自分も同じ年齢になり、大学を去る時が来る日を考える。

本学は六十八歳が定年である。六十八という年齢だけ考えれば、一般的には高齢者の部類に入る。だが、その多くは、まだからだも日常生活を送る上でなんら不自由なく動き、演奏するスキルもまったく衰えておらず、仕事をしながら社会に関わっていきたいという意欲は人一倍強く持っている。そのエネルギーを大学はどう活かしていけばよいか、活かしていくことが可能か。これも今後の課題である。人件費の抑制は大きな課題であることは確かで、単に定年を引き上げるのではなく、うまく世代交代もしながら、ここまで本学に貢献してくださった方々の力を次への活力にする方法を考えていってほしいものである。

「もちろん私も任期満了となり今月末で退職いたしますので、少しだけ最後の挨拶をいたします」

「私は、この大学に勤めるようになってもう二十年ほどが経ちました。十年ひと昔と言いますから、ふた昔前からここにいることになります。なんと四月一日に入学してくる新入生が生まれる前から勤めていることになるのです。長いですね。でも、長くいたことで、いろいろなことが見えてきました。経験させていただくことができました。感謝です。感謝しかありません。そして十二年前にこの役職に就きましたが、まさか自分が学長という役職に就くとは想像したこともなかったので、最初は手探りの状態でした。もちろん他の役職者のみなさん、職員のみなさんのサポートがあったからこそ、こうして任期を全うすることができたと考えています。本当に心から感謝です。大学は、これからさらに厳しい時代に入るでしょう。でも、気弱になることはなく、みなさんが同じ目標に向かって一丸となって行動していけば、必ず道は開けるはずです。音楽が不要になることはありません。その音楽を学ぶ場は必ず求められるはずです。そのためにも、次期の学長を盛り立てながら、一歩一歩進んでいってほしいと考えています。長い間、大変ありがとうございました。本学の発展、そしてみなさんのご健勝を心からお祈りしています。ありがとうございました。これで今年度最後の教授会を終わりにしましょう」

おわりに　『教授会』はいかがでしたか

これまでは秘密のベールに包まれた教授会であったかもしれないが、実際にはこのように至極まじめな論議をしていることがわかっていただけたであろうか。どの案件にしても、学生の幸福を願って、考え、工夫していることを理解していただければ十分である。本書で想定した教授会は、学生だけではなく教員数も少ない小規模大学なので、みんなで議論、みんなで了承というプロセスを大切にしている。大人数になればなかなか効果的な議論にならず、各種の委員会に具体的な審議をお任せし、最終的な結果だけを報告する場になってしまうこともある。したがって、一般的な教授会というものはないに等しいといえる。

今、大学は厳しい荒波にさらされている。自然淘汰が進む時代である。十八歳人口に比べて大学の数が多い。多すぎるというのが適切な言葉であろう。魅力的な大学になるよう目先の工夫をしても、本来の教育と研究という柱を曲げることはできない。経営安定化のために大学院に活路を見出そうにも、修了後の展望がなく学生たちは進学をためらう。大学全体をダウンサイジングしつつ、次世代の教員になりうる人材も育成しなければ大学としての発展はない。生き残るために個々の大学は知恵を絞り、さまざまな施策を編み出している。だが、いくら効果的と思われる施策であっても、教員の協力がなければ難しい。そのためのコンセンサスを得る場が教授会である。

冒頭にも書いたが、大学によって、学部によって、教授会の様相はまったく異なる。それぞれの大学の生い立ちもビジョンも異なるので、ここまで述べてきたような雰囲気の教授会は少ないかもしれない。

本書を読んでくださったみなさんの中には、子どもが大学に通っているという方、これから大学に通わせようという方もいらっしゃるだろう。そこの大学にも教授会があり、運営に関する課題を教員同士が意見交換をしながら解決に向けて努力しているに違いない。

オープンキャンパスで見る学長の顔、授業をしている教員の顔とは違った姿が教授会では見られる。本書では学長の言葉しか書いていないので、どのような質疑がなされているのか具体的にはわからないかもしれない。でも、教員は多様な課題に真摯に向き合っている。大学が存続できるかどうかは自分にも降りかかってくる大問題だから。さまざまな制約が課される中で大学の運営がいかに困難を伴い、学長らが知恵を絞りつつ教員の理解が得られるように日々努力している様子が少しでもわかっていただければ幸いである。

少子化がますます進行し、大学が淘汰される時期が目前に迫っている。もう始まっていると言っても過言ではない。それでも、十八歳の青年がゼロになるわけではない。音楽大学を目指す高校生がゼロになることもない。必ず高等教育としての音楽大学の存在は必要とされる。その中で選ばれる大学にならなければ、存在し続けることはできない。研究が世界でトップクラスという大学は必ず残る。でも実際のところ、それは理系のほんの一部の大学についてであろう。では、文系の大学に存在価値はないのか。実は、科学が進歩すればするほど文系の学びの必要性は増すと考えられる。生成ＡＩを活用する時の大前提は、使う人物の倫理観であろう。ましてや芸術に関する学問は生産性に直結はしないが、われわれの人生を豊かにする上で必須の学問領域であるに違いない。

将来にわたって残る大学、それは、教員同士の確固とした連携ができており、民主的な大学ではなかろうか。もちろん研究は必須であるが、そこだけに偏っていては教育は成り立たない。

本書で空想したような、学長が自分の言葉で語りかける教授会が毎月開催されているような大学、学生の将来を見据えた教育をする大学。そのような大学は地道でも我が国の、そして世界の学問に貢献していくのではなかろうか。それを期待している。

最後になりましたが、本書を出版する機会を与えてくださった文芸社、出版の後押しをしてくださった出版企画部の飯塚孝子様、細々とした編集作業をしてくださった編集部の今泉ちえ様にこの場を借りて感謝いたします。ありがとうございました。

著者プロフィール

観音下 慧（かながそ けい）

大学院博士課程修了後、音楽大学を含むいくつかの大学で教鞭をとる。
その後定年退職し、現在は都内の私立大学で非常勤講師等を務めている。

教授会 音楽大学の四季

2024年10月15日　初版第1刷発行

著　者　観音下 慧
発行者　瓜谷 綱延
発行所　株式会社文芸社
〒160-0022　東京都新宿区新宿1－10－1
電話　03-5369-3060（代表）
03-5369-2299（販売）

印刷所　株式会社平河工業社

ISBN978-4-286-25709-9